KB245828

■ 고전 문학 속 한마디 말의 힘 ■

말꺼리

■ 고전 문학 속 한마디 말의 힘 ■

말꺼리

이선종 편저

아이템하우스

들어가는 말

삶의 질문에 답하는 고전 속 한마디

창조경영의 선구자였던 스티브 잡스(Steve Jobs)가 머리를 식히고 싶을 때마다 워즈워스(W. Wordsworth)의 시집을 암송하며 창의적인 아이디어와 뛰어난 스피치, 프레젠테이션 능력을 키웠다는 일화는 유명하다. 워즈워스는 책을 두고 '한 권, 한 권이 하나의 세계'라고 정의한 적이 있다. 그의 말처럼, 한 권의 책은 우리 삶에 큰 힘을 발휘하곤 한다. 오히려 여러 사람의 위로보다 한 권의 책이 용기와 위로를 줄 수 있다. 이처럼 우리 삶에 큰 영향을 주는 책 중에서도 특히 '고전(古典)'의 힘은 강력하다. 고전은 오랜 세월 많은 사람에게 사랑받아왔으며, 지금까지도 변함없이 우리의 삶에 깊숙이 스며들어 있다.

고전의 주제를 한마디로 축약하면 '어떻게 살 것인가'로 귀착된다. 동서고금의 모든 작가는 이 주제를 전하기 위해 글을 썼다고 해도 과언이 아니다. 수많은 작가가 나름대로 '더 나은 삶'을 위해 조언했으며, 작품을 통해 삶에 관한 지혜를 전했다.

이 책에서는 고대 문학가 호메로스(Homeros)의 《오디세이아》부터 19세기 후반의 프랑스 작가인 기 드 모파상(Guy de Maupassant)

의 《비곗덩어리》까지 문학, 철학, 역사 분야의 대표적인 서양 고전들을 모아 소개하고 있다. 시대를 초월한 진리와 지혜가 담긴 고전들을 엄선하여 항상 대화하며 말할 수 있는 꺼리들을 '한마디'라는 형식으로 전달하고 있다.

물론 방대한 내용의 고전들을 단 몇 페이지에 담는 것은 쉬운 일이 아니다. 그러나 고전이 쓰인 배경과 작가의 의도, 작중 인물들이 전하는 메시지를 수록하여 어렵다고 생각했던 고전을 쉽게 읽고 이해할 수 있도록 구성했다. 누구나 이 책을 통해서 고전을 접하고, 자신에게 필요한 인생의 조언과 지혜를 얻을 수 있다.

우리 곁에는 늘 책이 존재한다. 책이 우리의 삶으로 들어오면, 이전에 보이지 않던 새로운 것을 발견할 수 있다. 그리하여 현재의 삶을 고민하고, 자신의 존재 이유를 생각하는 과정을 통해서 새로운 삶을 살 수 있다.

이 책이 부디 삶에 대해 고민하는 모든 이에게 답을 줄 수 있기를 바란다. 아울러 '고전은 항상 새로운 것'이라는 말처럼, 이 책이 고전에 대한 관심을 불러일으키는 계기가 되기를 기대한다.

-이선종

| 차례 |

제3장. 인간 이성의 해방

계몽주의

제4장. 자연으로의 회귀

낭만주의

제5장. 자연을 모방하는 예술

사실주의

제1장

서양 문학의 태동기

고대 문학

1. 서양 최초의 문학 작가, **호메로스**
2. 그리스 비극을 완성한 시인, **소포클레스**
3. 로마의 가장 위대한 시인, **베르길리우스**
4. 사랑의 즐거움을 노래한 시인, **오비디우스**
5. 그리스의 마지막 철학자, **플루타르코스**
6. 로마를 대표하는 서정시인, **호라티우스**

1. 서양 최초의 문학 작가

호메로스
(Homeros)

"힘은 희망뿐만 아니라 절망에서도 온다."

고대 그리스의 시인 호메로스가 한 말로, 오늘날까지 우리에게 '고통 속 절망을 희망으로 이겨내라'라는 교훈을 주고 있다. 기원전 8세기경에 활동한 호메로스는 서양 문학의 시조로 불린다. 호메로스가 쓴 대서사시 《일리아스》와 《오디세이아》는 서양 문명의 근원으로 문학은 물론, 철학, 예술, 정치 등 후대에 수많은 영향을 끼쳤다. 그의 작품으로부터 영향을 받지 않은 작가들이 없을 정도이다.

호메로스가 살았던 당시의 그리스는 '암흑시대'였다. 도리아인의 침공으로 미케네 문명은 멸망하였고, 오로지 힘이 있는 자들의 세상이었으며, 그들의 말이 곧 법이었다. 이 혼돈의 시기에 살았던 호메로스는 이런 세상에서 고통받는 약자들의 수난을 계속해서 지켜볼 수 없었다. 그는 문학 작품을 통해서 강자에게 무참히 짓밟히고 있는 미케네 사람들에게 분노와 복수를 일깨워주었다. 그들에게 희망과 용기를 북돋기 위해 미케네 문명의 영웅들을 작품을 통해 부활시킨 것이다.

그렇게 해서 서양 문학의 최초이자, 최고로 손꼽히는《일리아스》와《오디세이아》가 탄생했다. 수천 년이 지난 작품이지만, 이 작품의 감동은 세월이 갈수록 더해진다. 또한, 짜임새 있는 구조와 삶의 교훈이 담겨 있는 내용은 오늘날까지 모든 사람에게 인생의 깨우침을 준다.

"인간의 운명은 참고 극복하는 것이다."
-호메로스

《일리아스》의 수많은 영웅은 분노와 복수에 미친다. 마치 조국의 파멸에 치를 떠는 호메로스를 보는 듯하다. 분노와 복수는 그 안에 정의(正義)라는 가치를 품고 있다. 정당하지 못한 행위를 당했다는 인식이 있어야 비로소 분노가 일어나고, 복수심을 불태울 수 있다. 정의가 없는 분노나 복수는 없다.

음유시인 호메로스_ 서양 문학에 큰 영향을 준《일리아스》와《오디세이아》를 쓴 고대 그리스 작가로, 많은 미술 작품에서 맹인으로 표현한다.

호메로스 예찬_ 철학자들이 호메로스를 찬미하고 있는 장면이다. 그는 많은 그리스 철학자에게 큰 영향을 미쳤다. **장 오귀스트 도미니크 앵그르 작품.**

또한, 영웅이라도 인간에 불과한 그들은 신에게 거역할 수 없는 존재들이다. 즉 운명에 굴복할 수밖에 없는 것이다. 하지만 인간의 자유에 대한 열망은 신들도 막을 수는 없다. 호메로스는 인간의 자유와 용기를 불멸(不滅)의 작품 속에 담았다.

"서로 믿고,
서로 도움으로써 위대한 업적이 이루어지고,
위대한 발견도 생겨난다."

호메로스가 절망에 빠진 미케네 사람들에게 했던 명언이다. 이 세상에 그 무엇도 혼자서 할 수 있는 일은 거의 없다. 호메로스는 미케네 사람들의 분노와 복수를 일깨워주었고, 인류 최초의 대서사시인 《일리아스》와 《오디세이아》를 남겨 후대의 작가에게 큰 영감을 주었다.

그리스의 영웅 서사시

《일리아스(Ilias)》

《일리아스》는 10년에 걸쳐 벌어진 트로이 전쟁의 마지막 51일 동안 일어난 사건을 노래한 서사시이다. 천하무적 영웅 아킬레우스와 그리스 연합군 지휘관인 아가멤논, 그리고 트로이의 왕자 헥토르를 중심으로 전쟁과 분노, 복수에서 파생된 인간의 비극을 다뤘다. 또한, 전쟁에 개입하는 그리스 신화의 올림포스 신들과 자신의 운명에 당당히 맞서는 영웅들의 무용담을 다룬 《일리아스》는 《오디세이아》와 함께 그리스 민족의 정신을 보여주는 대표적인 작품이다.

"가만히 있어도 죽음을 피하기 어렵다면,
어찌 죽을 각오로 투쟁하지 않는가?"
-호메로스

고대 그리스의 도시 국가인 아테네와 스파르타 근처에 트로이라는 나라가 있었다. 어느 날, 트로이의 왕자 파리스가 스파르타의 왕비 헬레나를 납치해가는 일이 벌어졌다. 스파르타는 아테네와 동맹하고 그리스 연합군을 만들어 곧장 트로이로 쳐들어갔다.

기나긴 전쟁 도중 그리스 연합군에게 역병이 돌기 시작한다. 그리스 연합군이 아폴론을 모시는 사제의 딸을 납치한 데다가, 아가멤논이 고집을 부리며 딸을 돌려보내기를 거부한 것이다. 상황이 불리하게 돌아가자, 아킬레우스는 아가멤논에게 사제의 딸을 되돌려 보내라고 요구하지만, 아가멤논은 오히려 사제의 딸 대신 아킬레우스가 사랑하던 여인인 브리세이스를 데려간다.

아킬레우스와 아가멤논_ 분노한 아킬레우스가 아가멤논에게 대항하는 장면으로, 가운데에서 아테나 여신이 이를 말리고 있다. **자크 루이 다비드의 작품.**

큰 배신감을 느낀 아킬레우스는 더 이상 그리스 연합군을 돕지 않기로 한다. 그리스에 아킬레우스가 있었다면, 트로이에는 헥토르가 있었다. 아킬레우스가 전쟁에 참여하지 않자 그리스 연합군은 헥토르의 지략과 용맹 앞에 무참히 무너지게 된다. 하지만 아킬레우스는 여전히 전쟁을 외면한다.

"인간의 본모습이 드러나는 것은
운명에 과감히 맞설 때뿐이다."

그리스 연합군의 원로인 네스토르가 한 말이다. 그는 최고령 장수로 현명하고 노련한 조언자였다. 아킬레우스가 전쟁에 빠지면서 그리스 연합군은 트로이에 밀리기 시작했고, 다시 돌아와 달라고 간청 해도 그는 뜻을 굽히지 않았다. 이를 보다 못한 아킬레우

스의 친구 파트로클로스가 아킬레우스의 갑옷을 대신 입고 전쟁에 나갔지만, 안타깝게도 그는 전투 중에 헥토르에게 죽임을 당하고 만다. 그러자 형제와 같았던 친구를 잃은 슬픔에 고통스러워하던 아킬레우스는 다시 전쟁터로 돌아왔고, 헥토르와 결전을 벌인다.

아킬레우스는 자신의 명예와 친구의 복수를 위해, 헥토르는 트로이를 위한 사명감과 의무로 최후의 결투를 치렀다. 그리고 마침내 아킬레우스는 헥토르와 맞서 싸워 이김으로써 친구의 원수를 갚았다. 그러나 두 영웅은 최후까지 투쟁을 선택함으로써 당당하게 자신의 운명을 맞는다는 점에서는 매우 유사하다.

"행복은 자유 안에 깃들어 있고,
자유는 용기 안에 깃들어 있다."

아테네의 정치가로 민주정을 확립한 페리클레스(Perikles)가 한 말이다. 그는 비록 자신이 질 것을 알면서도 트로이의 자유를 위해 장렬한 죽음을 선택한 헥토르의 용기를 아킬레우스보다 높게 평가했다.

트로이 전쟁의 후일담

《오디세이아(Odyssey)》

《오디세이아》는 트로이 원정 후 20년 만에 고향 이타카로 돌아가는 오디세우스의 여정을 담은 작품이다. 오디세우스가 귀향길에서 겪은 온갖 모험담과 그가 돌아오기까지 정절을 지킨 아내 페넬로페와의 재회담, 그리고 아내를 넘본 자들에 대한 복수담으로 구성되었다. 《일리아스》가 운명에 맞서는 '영웅들의 이야기'라면, 《오디세이아》는 운명에 시달리는 '인간의 이야기'이다. 《오디세이아》는 서양 문학사에서 모험담의 원형(原型)이다.

"최고의 선택은 없다.
그 선택을 최고로 만드는 나와 오늘만 있을 뿐이다."

트로이 전쟁에서 활약한 이타카의 왕 오디세우스가 한 말이다. 트로이 전쟁에서 수많은 영웅의 활약이 있었지만, 오디세우스만큼 현명하고 지략이 뛰어난 인물은 없었다. 아킬레우스가 압도적인 무예와 용맹으로 그리스 연합군을 이끌었다면, 오디세우스는 전쟁의 승리에 전반적으로 활약하였다. 거대한 목마에 병사들을 숨겨 트로이에 잠입시켜 전쟁을 승리로 이끈 '트로이의 목마' 역시 오디세우스의 지략이었다.

트로이의 목마란, 거대한 목마를 만들어 그 안에 그리스군을 숨긴 후, 이 목마를 트로이 측으로 보내 그들을 속이는 작전이었다. 당시 트로이는 굳건한 성벽을 구축하고 있어서 그리스군은 도저히 성안으로 들어갈 수가 없었다. 이후 기회를 엿보던 그리스군은 몰래 빠져나와 트로이를 함락하였다

10년간의 트로이 전쟁이 끝나고 오디세우스는 고향으로 향한다. 그런데 갑자기 몰아친 폭풍우로 오디세우스와 부하들은 뿔뿔이 헤어지고, 온갖 고난과 모험이 시작된다. 바다를 표류하던 오디세우스와 부하들은 키클롭스(외눈박이 거인족)들이 사는 섬에 도착했다. 그리고 포세이돈의 아들인 폴리페모스에게 붙잡혔다.

"나의 이름은 '아무도 아니'라고 한다."

폴리페모스가 오디세우스에게 이름을 묻자 그가 답한 말이다. 여기서 '아무도 아니'는 그리스어 '우티스(Outis)'를 번역한 말로, 즉 '자신은 아무도 아니다'라고 말한 것이다.

오디세우스의 지략으로 폴리페모스의 외눈을 찌르는 장면이다

인간을 잡아먹는 폴리페모스로부터 탈출하고자 오디세우스는 기지를 발휘한다. 그는 폴리페모스를 술에 취해 잠들게 한 후, 불에 달군 날카로운 말뚝으로 폴리페모스의 외눈을 찔렀다.

눈이 멀어버린 폴리페모스의 비명에 놀란 다른 키클롭스들이 물었다. "무슨 일이야, 누가 그랬는데?" 그러자 폴리페모스가 대답한다. "'아무도 안'이 그랬어!" 아무도 아닌 사람이 눈을 찔렀다는 알 수 없는 말에 키클롭스들은 혼란에 빠진다. 자기 이름을 '아무도 아니'라고 한 오디세우스의 지략이 성공한 것이다.

오디세우스는 무사히 키클롭스 섬을 탈출하지만, 바다의 신 포세이돈의 분노로 바다 위에서 풍랑을 만난다. 그리고 이때부터 그의 본격적인 고난이 시작된다.

"전우들이여,
이번 시련도 언젠가는 우리에게 추억이 될 것이오!"

험난한 여정에서 실의에 빠진 부하들을 위로하고자 오디세우스가 한 말이다. 오디세우스는 풍랑에 이리저리 휩쓸려 식인종이 사는 레스트리고네스족의 땅에 상륙하게 된다. 이곳에서 구사일생으로 탈출했지만, 이번에는 마녀 키르케의 섬에 도착했다. 키르케의 마법에 오디세우스의 부하들은 모두 돼지로 변하고, 오디세우스는 부하들을 구해내 다시 항해에 나선다.

그런데 이번에는 아름다운 노랫소리로 항해하는 사람들을 유혹

오디세우스와 칼립소_ 칼립소의 구애를 거절한 오디세우스의 마음은 고향 이타카와 가족에 대한 그리움으로 가득했다. **아르놀트 뵈클린의 작품.**

하는 세이렌을 만나게 된다. 오디세우스는 부하들의 귀를 밀랍으로 막고, 자신은 돛대에 몸을 묶어 간신히 벗어난다. 그는 험난한 항해를 재촉하지만, 머리가 여섯 개인 바다 괴물 스킬라를 만나 다시 부하들을 잃고 만다.

다시 길을 재촉한 오디세우스는 태양의 신 헬리오스의 가축이 있는 섬에 도착했다. 그러나 '절대로 가축을 해치면 안 된다'라는 예언을 무시한 대가로 오디세우스를 제외한 모든 부하가 죽임을 당했다. 하지만 혼자 살아남은 오디세우스는 절망하지 않고, 작은 뗏목을 만들어 또다시 항해에 나선다.

이렇게 몇 번의 죽을 고비를 넘긴 오디세우스는 파이아케스인들의 섬에 도착해 나우시카 공주의 도움을 받고, 온갖 고생 끝에 고향 이타카에 도착한다. 어언 20년 만에 집으로 돌아온 것이다. 그리고 오디세우스는 그의 재산과 아내 페넬로페를 노리는 구혼자들에게 복수할 계획을 세운 후 모두 처단한다. 이로써 오디세우스의 복수는 성공하고, 그토록 그리워하던 아내 페넬로페와 아들 텔레마코스와 재회했다.

사자와 사람 사이에 맹약이 있을 수 없고, 늑대와 새끼 양이 서로 어울려 지낼 수 없듯이, 당신과 나는 친구가 될 수 없으며 맹약을 맺을 수 없다. 둘 중 하나가 쓰러져 죽을 때까지 싸울 뿐이다.

–《일리아스》 중에서, 아킬레우스

이제야 그대를 제대로 알 것 같군. 그대의 운명도, 또한 그대를 쓰러뜨릴 자는 역시 내가 아니었던 것도 말이야. 그대의 가슴 안에 있는 마음은 진정 강철, 그 자체군. 하지만 나를 기억하는 신들이 그대에게 분노를 돌릴 것이다.

–《일리아스》 중에서, 헥토르

들려주소서, 뮤즈의 여신이여! 트로이의 신성한 도시를 파괴한 뒤 많이도 떠돌아다녔던 임기응변에 능한 그 사람의 이야기를! 그는 수많은 사람의 도시를 보았고, 그들의 마음을 알았으며, 바다에서는 자신의 목숨을 구하고 전우들을 귀향시키려다 마음속에서 많은 고통을 당했습니다.

–《오디세이아》 중에서, 코러스

2. 그리스 비극을 완성한 시인

소포클레스
(Sophocles)

"내가 헛되이 보낸 오늘은,
어제 죽어간 이들이 그토록 꿈꾸던 내일이다."

기원전 5세기 고대 그리스의 시인 소포클레스가 한 말로, 시간의 소중함을 일깨워주는 명언이다. 지금까지도 많은 사람에게 '현재를 충실하게 살아가라'라는 교훈을 준다. 소포클레스는 '그리스 비극의 완성자'로 불린다.

당시 그리스 비극 작품들은 굳건한 의지로 자신의 불운을 극복하는 인간의 숭고한 모습을 감동적으로 전했다. 다른 한편으로 그리스 비극은 순수 문학 작품이 아닌 정치적인 요소가 다분히 들어가 있었다. 그래서 고대 그리스인들은 비극을 보고, 토론을 펼치곤 했다.

소포클레스는 그리스 비극의 미학을 완성한 작가로 명성을 누렸지만, 정작 자신은 행복한 운명을 갖고 태어났다. 아테네의 부유한 상류 가문에서 태어나 고급 교양 교육을 받을 수 있었고, 뛰어난 용모와 훌륭한 재능을 지니고 있었다.

소포클레스의 흉상

"스스로 돕지 않는 자에게는 기회도 힘을 빌려주지 않는다."
-소포클레스

소포클레스는 아이스킬로스(Aeschylos), 에우리피데스(Euripides)와 함께 그리스 비극 '3대 작가'로 알려졌지만, 세 작가 중에서 가장 명성이 높았다. 그는 비극 경연대회에서 자신보다 서른 살이나 많은 아이스킬로스를 제치고 우승을 차지해 재능을 인정받았다. 그것을 시작으로 소포클레스는 아테네에서 가장 많은 승리를 거둔 작가로 알려졌다. 서른 번의 경연에 참여해 스물네 번을 우승할 만큼 비극 경연에서 우승은 항상 그의 것이었다.

소포클레스는 극작가로서 큰 성공을 했지만, 아테네를 대표하는 정치가로 주목받기도 했다. 당시 아테네는 펠로폰네소스 전쟁으로 기울어져 가고 있었다. 그는 아테네와 스파르타와의 전쟁 기간에는 아테네의 장군으로 전투에 여러 번 참여했다. 소포클레스는 나라가 부여한 책무에서 자신의 소임을 다하였다.

한마디로 소포클레스는 아테네의 상징적인 존재였다. 그는 나라가 위기에 처할 때마다 언제나 그를 찾을 만큼 아테네 국민의 신망이 두터웠다.

소포클레스_ 고대 그리스의 '3대 비극 작가'로, 《오이디푸스》와 《안티고네》 등을 집필해 비극의 미학을 완성했다

"사람들은 세 가지 부류로 나눌 수 있다.
첫째, 우리를 이용하는 사람, 즉 원수이다.
둘째, 우리를 이용하는 동시에 우리에게 이용되는 사람,
즉 친지(親知)이다.
셋째, 우리가 존경하고, 있는 힘을 다해 도우려 하는 사람,
즉 친구이다."

사람에 대한 소포클레스의 명언으로, 오늘날까지 인간관계에 고찰과 공감으로 전해진다. 고대 그리스 최고의 희극 작가인 아리스토파네스(Aristophanes)의 지적처럼, 그는 훌륭한 인품의 소유자로 정평이 났었다. 그의 인품에 감화된 사람들은 점점 늘어났다.

고대 그리스 비극의 전성기를 연 소포클레스의 대표작인 《오이디푸스 왕(Oedipus Tyrannus)》과 《안티고네(Antigone)》, 《콜로노스의 오이디푸스(Oedipus at Colonus)》는 테베 왕가의 비극적 운명을 다루었기에 '테베 3부작'으로 불린다. 소포클레스가 그의 작품에서 말하는 것은, 인간의 힘으로는 감당할 수 없는 운명이다. 그리고 결국에 살아남는 자는 그 한계를 겸허하게 받아들이는 사람이다.

고대 그리스 아테네의 전경

그리스 비극의 백미

《오이디푸스 왕(Oedipus Tyrannus)》

《그리스 신화》에 나오는 오이디푸스 일가의 불행한 운명을 소재로 한 작품으로, 그리스 비극의 전형으로 불린다. 주인공인 테베의 왕 오이디푸스는 자기 아버지를 죽이고 어머니를 왕비로 삼았지만, 뒤늦게 모든 진실을 알고 스스로 눈을 찔러 맹인이 된 채 테베를 떠난다. 《오이디푸스 왕》은 한 치 앞을 보지 못하는 나약한 인간의 운명과 갈등, 그리고 이를 풀어내는 인물들의 결정이 작품의 극적 구조를 형성하고 있다.

"최악은 죽음이 아니다.
죽기를 소원함에도 죽지 못하는 것에 비하면 아무것도 아니다."
-소포클레스

기원전 5세기, 아테네 북쪽 도시 국가 테베에 왕자 오이디푸스가 태어났다. 그런데 그가 태어나기도 전에 "너는 아버지를 죽이고, 어머니를 아내로 삼을 것이며, 그 사이에서 자식을 낳을 것이다"라는 아폴론의 신탁이 내려졌다. 저주의 신탁이 두려웠던 테베의 왕 라이오스와 이오카스테 왕비는 예언된 파멸을 막고자 아기를 죽이려고 했지만, 그 뜻을 이루지 못했다. 어린 오이디푸스

오이디푸스의 살인_ 오이디푸스가 자기 친아버지인 줄 모르고 라이오스 왕을 죽이는 장면이다. **조제프 블랑의 작품.**

는 테베를 벗어나 이웃 나라 코린토스의 폴리보스 왕과 메로페 왕비에 의해 친자식처럼 길러졌다.

그러나 저주의 신탁은 청년이 된 오이디푸스를 집요하게 따라다녔다. 그는 이 무서운 운명을 피하고자 코린토스를 떠나 방랑길에 오른다. 그런데 보이오티아로 가는 중에 좁은 길목에서 사소한 말다툼 끝에 본의 아니게 한 노인과 부하들을 모두 죽이고 말았다. 불행히도 그 노인은 테베의 라이오스 왕이었다. 이로써 오이디푸스가 아버지를 죽인다는 신탁의 예언이 실현된 것이다.

"'인간 중에서 가장 뛰어난 자'이며,
'스스로 은총이 가득한 운명을 타고난 자식'이라 믿는다."
--《오이디푸스 왕》 중에서, 오이디푸스

자신의 아버지를 죽였다는 사실을 모르는 오이디푸스는 테베의 오랜 골칫거리였던 스핑크스를 죽인 후 마치 운명처럼 테베의 왕 이 되고, 미망인이 된 왕비이자 자기 어머니인 이오카스테를 아내로 맞으며, 두 아들인 에테오클레스와 폴리네이케스, 그리고 두 딸인 안티고네와 이스메네까지 낳기에 이른다.

오이디푸스와 스핑크스_ 오이디푸스가 스핑크스가 낸 문제를 풀고 있는 장면이다. **귀스타브 모로의 작품**

아버지의 죽음과 어머니와의 결혼, 패륜으로 얻은 딸까지, 이 모든 저주가 이루어졌을 때 오이디푸스는 비로소 자신의 불행한 운명을 알게 된다. 그는 자기가 친아버지인 라이오스를 살해한 장본인이며, 지금껏 아내라고 알고 있었던 이오카스테는 사실 자신의 어머니임을 깨닫고 절망에 빠진다.

"이제 모든 것이 분명해졌구나. 모두 사실이었어.
빛이여, 이제 다시 너를 보는 일이 없기를!
죄 많게 태어나, 죄 많은 혼인을 하고,
죄 많은 피를 흘린 몸이란 게 드러났으니!"

--《오이디푸스 왕》 중에서, 오이디푸스

우여곡절 끝에 모든 진실이 밝혀지고, 충격을 받은 이오카스테는 자살하였다. 그리고 자신의 눈을 찔러 맹인이 된 오이디푸스는 왕위를 내려놓고, 딸인 안티고네와 방랑길을 떠난다. 오이디푸스는 자신의 파멸을 예감하면서도 진실을 밝혀냈고, 비록 자신의 잘못에 고의성은 없었지만 스스로 책임을 지면서 담담하게 자신의 운명을 받아들인다. 그의 이런 모습을 통해서 나약하지만 반면에 위대한 인간의 존엄성을 알 수 있다.

오이디푸스와 안티고네_ 스스로 눈을 찔러 맹인이 된 오이디푸스를 딸인 안티고네가 이끄는 모습이다. **샤를 프란시스 잘라베아의 작품.**

법의 기준을 묻는 고전

《안티고네(Antigone)》

오이디푸스 왕의 딸인 안티고네의 가혹한 운명과 자신의 오만함으로 자식과 아내를 잃은 크레온의 운명을 담은 《안티고네》는 '자연법' 사상을 최초로 주장한 작품이다. 즉 인간이라면 누구나 태어날 때부터 지니게 되는 법, 어느 특정 지배자에 의해 만들어지는 것이 아닌 모든 사람에 의해 만들어져 동일하게 적용되는 게 자연법이다. 이 작품은 개인의 정의(양심)를 상징하는 안티고네와 국가(질서)를 상징하는 크레온의 대립이 중심 갈등을 이룬다.

"누구나 실수를 저지르지만,
훌륭한 사람만이 잘못을 인정하고 고친다. 유일한 죄는 자만이다."
–《안티고네》 중에서

자기 어머니와 한배에서 태어났지만, 동시에 아버지이기도 한 오이디푸스. 그의 길잡이를 하던 안티고네는 아버지가 죽은 후 다시 고향 테베로 돌아온다. 하지만 두 오빠 폴리네이케스와 에테오클레스는 왕권을 두고 전쟁을 하고 있었다. 그리고 동생 에테오클레스에게 패해 테베에서 쫓겨난 폴리네이케스는 외부세력인 아르고스의 군대를 이끌고 와 테베를 공격한다.

결국, 그 과정에서 두 형제는 모두 목숨을 잃었고, 외삼촌 크레온이 테베의 섭정을 맡아 권력을 잡게 된다. 그런데 크레온은 에테클레스는 애국자로 간주해 성대한 장례식을 거행했지만, 외부 세력을 끌어들인 폴리네이케스는 반역자로 규정하여 장례식은커녕 매장도 허가하지 않았다.

"모든 여인 중에서 가장 죄 없는 그녀가,
가장 영광스러운 행위 때문에 가장 비참하게 죽다니!"
-《안티고네》 중에서

그러나 안티고네는 오빠의 시신이 그대로 들판에 버려져 썩는 것을 두고 볼 수 없었다. 그녀는 죽은 가족의 매장은 신들이 부과한 신성한 의무라고 여겨 크레온의 명령을 어기고 폴리네이케스의 시신을 수습해 장례를치렀다. 이 사실을 안 크레온은 국법을 어긴 죄로 안티고네를 잡아들여 사형을 선고하고, 돌무덤에 산채로 가두었다.

안티고네의 항명_ 안티고네가 크레온의 명령을 어기고, 오빠 폴리네이케스의 시신을 수습하는 장면이다. 팔을 잡아끄는 크레온의 뒤로 그녀의 약혼자 하이몬의 모습이 보인다. **세바스티앵 노르블린의 작품.**

그런데 안티고네는 크레온의 아들 하이몬과 결혼을 약속한 사이였다. 하이몬은 아버지에게 안티고네를 변호하며 그녀의 목숨을 구하고자 애썼지만, 크레온은 요지부동이었다. 결국, 하이몬은 안티고네를 구출하려고 돌무덤에 갔다. 그러나 안티고네는 스스로 죽음을 택했고, 그녀의 죽음을 슬퍼하던 하이몬도 칼로 자신의 옆구리를 찔러 자살한다. 게다가 이 소식을 들은 크레온의 아내 에우리디케도 아들의 뒤를 따랐다.

"그대는 정의가 무엇인지 너무 늦게 깨달은 것 같소이다.
지혜야말로 으뜸가는 행복이라네.
신들에 대한 경의는 모독 되어서는 안 되는 법.
오만한 자들의 큰소리는 그 벌로 큰 타격을 받게 되어,
늘그막에 지혜가 무엇인지 알게 해준다네."

《안티고네》의 코러스에서 소포클레스가 한 말이다. 자신의 오만함으로 가족을 잃고 혼자가 된 크레온은 뒤늦게 후회를 하면서 울부짖는다. 순수한 마음으로 혈연의 의무를 다한 안티고네와 자신의 직분에 충실하여 국가의 법을 지키려고 한 크레온의 대립은, 오늘날 다양한 사회적 갈등을 겪고 있는 우리에게도 근본적인 질문을 던진다고 볼 수 있다. 부당한 국가의 법에 대응한 안티고네의 행동은 이후로 정의에 대한 많은 논란을 불러일으키게 되었다.

연극 〈안티고네〉의 한 장면_ 안티고네의 비극적인 이야기는 오늘날까지 연극과 영화 등 다양한 형태로 공연되고 있다.

그대들의 슬픔이 아무리 크다 한들 나의 슬픔보다 크지는 않을 것이오. 그대들은 각자의 슬픔만을 지니고 있소. 하지만 나 오이디푸스는 나 자신의 슬픔과, 그대들의 슬픔과, 모든 백성의 슬픔을 함께 지니고 있소.

–《오이디푸스 왕》 중에서, 오이디푸스

내게 그런 법을 내린 건 제우스가 아니라 한낱 인간입니다. 하계를 관장하는 하데스조차도 사람의 시신을 수습하지 못하게 벌을 내리신 적이 없습니다. 시신을 수습하는 건 신(神)들이 주신 법입니다. 그것은 오래전에 생긴 법이며 앞으로도 영원할 거예요. 나는 한 인간의 명령과 죽음이 두려워 신들의 법을 어기지는 않으렵니다.

–《안티고네》 중에서, 안티고네

3. 로마의 가장 위대한 시인

베르길리우스

(Publius Vergilius Maro)

"할 수 있다고 믿기 때문에 할 수 있는 것이다."

고대 로마 최고의 시인으로 불리는 베르길리우스가 한 말이다. '할 수 있다'라는 생각이 결국에는 성공의 원인이라는 의미로, 오늘날 스스로 믿음을 잃어 포기하고 싶은 이들에게 새로운 도전 의식을 심어주는 명언이다.

베르길리우스가 쓴 《아이네이스(Aeneis)》는 세계 문학사에서 가장 뛰어난 서사시 중 하나로 평가받는다. 《아이네이스》에는 그리스 연합군에게 패해 멸망한 트로이의 영웅 '아이네이스'가 불행에 굴복하지 않고, 온갖 고난과 역경에 맞서 유민들을 인솔하여 라티움에 새로운 나라, 즉 로마를 건국하는 내용이 담겨 있다.

전설에 따르면 아이네이스는 미(美)의 여신 아프로디테와 트로이 왕족 안티세스 사이에서 태어난 아들이다. 또한, 《일리아스》에서는 그에 대해 "트로이가 멸망해도 그와 그의 자손은 대대로 트로이를 지배할 영웅"이라고 표현했다. 베르길리우스는 바로 이것을 주목했다.

그는 당시 막강한 나라였던 그리스에 맞서 10년 동안 버텨온 트로이에서 착안하여, 로마 건국의 뿌리를 5백여 년 전 트로이의 영웅 아이네이스로 정한 것이다.

"불행에 굴복하지 말라. 그보다도 대담하고,
적극적이며, 과감하게 불행에 도전하라."
-베르길리우스

베르길리우스는 기원전 70년, 북이탈리아의 안데스라는 작은 마을에서 태어났다. 그는 당시 누구나 선호하던 정치가나 법률가가 되고자 로마에 가서 수사학과 철학을 공부했지만, 내성적인 성격 탓으로 법률가가 되기를 단념했다. 이후 본격적인 '문학의 길'을 택해 로마, 밀라노 등에서 여러 분야의 공부를 했다. 특히 수사학과 철학에 대해 더욱 깊이 있는 교육을 받았다.

베르길리우스의 전 생애는 오직 시작(詩作)과 문학 연구가 전부였다고 해도 과언이 아니다. 그는 기원전 28년부터 무려 11년 동안 《아이네이스》 집필에 매달렸으나 끝내 완성하지 못했다. 이후 《아이네이스》의 완성을 위해 영감(靈感)을 얻고자 그리스와 아시아 지역을 여행하고 이탈리아로 돌아오는 길에 열병에 걸려 숨을 거두었다.

베르길리우스는 죽기 직전 동료에게 미완성 원고를 불태워 달라고 유언했다. 그러나 로마의 아우구스투스 황제는 이를 무시했다.

베르길리우스의 흉상

아우구스투스 황제는 로마인들에게 선조들의 전통에 대한 긍지와 함께 로마에 대한 헌신과 열정을 고취하고 싶었다. 그는 원본을 크게 수정하거나 삭제하지 말도록 명하고, 기원전 17년 마침내 《아이네이스》를 세상에 공개했다.

"당신은 진정 제 참 스승이시며, 희망이셨습니다.
제가 자랑으로 삼고 있었던 아름다운 문체 역시
모두 당신에게 얻은 것들입니다."

베르길리우스를 칭송하는 이탈리아의 시인 단테(Alighieri Dante)의 말이다. 서유럽 문학의 거장인 그는 자신의 대표작 《신곡》에서 베르길리우스를 지옥과 연옥의 안내자로 등장시켰다. 《아이네이스》는 더욱 유명해졌고, 이탈리아뿐 아니라 영문학, 불문학, 독문학 등 라틴어권에 큰 영향을 끼쳤다.

베르길리우스 모자이크_ 《아이네이스》를 집필하는 베르길리우스 사이에 역사의 뮤즈 클리오와 비극의 뮤즈 멜포메네스가 서 있다.

이후 《아이네이스》는 시 예술의 최고 경지를 구현한 작품으로 평가받으며, 영문학에도 지대한 영향을 주었다. 오늘날까지도 《아이네이스》는 라틴어로 쓰인 가장 위대한 작품으로 꼽힌다.

최초의 로마인의 인생역정

《아이네이스(Aeneis)》

10년 동안 지속되던 트로이 전쟁은 그리스의 승리로 끝이 났다. 오디세우스의 '트로이 목마' 전략이 성공한 것이다. 트로이 왕 프리아모스의 사위였던 아이네이스는 트로이를 구하고자 했지만, 결국 트로이는 그리스군에 함락당하고 만다. 이때 아프로디테 여신이 아이네이스에게 나타나 '제2의 트로이'를 건설하는 것이 임무라고 알려준다. 이에 아이네이스는 신의 뜻을 받고, 또 자신의 운명을 믿으며 트로이 유민들과 함께 새로운 땅을 찾아 떠났다.

"그곳에서 아이네이스의 집안과, 자식들의 자식들과,
그들에게서 태어난 자식들이 온 세상을 지배하게 될 것이다."
-《아이네이스》 중에서

《아이네이스》는 총 12권으로 구성되어 있다. 1권부터 6권까지는 트로이 멸망 후 새로운 땅을 찾는 여정이며, 7권부터 12권까지는 도착한 땅의 토착민들과의 전쟁, 그리고 로마건국의 기틀을 다지는 이야기가 담겨있다. 그중에서 4권 〈디도와 아이네이스의 사랑〉 이야기가 가장 유명하다.

트로이를 탈출하는 아이네이스 조각상

아이네이스와 디도 여왕_ 아이네이스가 디도 여왕에게 자신을 소개하며 도움을 청하는 장면이다. **조슈아 레이놀즈의 작품.**

트로이를 떠난 아이네이스와 유민들은 새로운 땅을 찾아 항해에 나선다. 그러나 항해 도중 풍랑을 만나 정처없이 표류하다가 북아프리카의 카르타고에 도착하게 된다. 카르타고의 여왕인 디도는 아이네이스와 유민들을 환영하고, 아이네이스는 디도 여왕에게 자신이 거쳐온 일들을 들려준다.

그런데 디도 여왕은 아이네이스에게 첫눈에 반하고, 두 사람은 사랑에 빠진다. 그렇게 7년을 보낸 후 아이네이스는 카르타고를 떠나기로 결심한다. 그러자 디도 여왕은 아이네이스에게 눈물로 호소하며 그를 자기 곁에 머물게 하려고 한다. 하지만 그녀는 새로운 나라를 건설해야 할 사명을 지닌 아이네이스의 굳건한 마음을 돌이킬 수 없었다.

"만약 내 인생을 나 자신의 선택에 따라 살아가고,
내 문제들을 나의 뜻에 따라 풀어나가는 것을 운명이 허용한다면,
내 첫 번째 관심사는 트로이아 시와 아직도 살아 있는
나의 동포들을 돌보는 일이겠지요."
-《아이네이스》 중에서, 아이네이스

절망에 빠진 디도 여왕은 떠날 준비를 하는 아이네이스를 붙잡으려고 여러 방법을 시도하지만, 아이네이스는 완고했다. 드디어 아이네이스가 떠나던 날 새벽, 사랑의 배신감과 실연의 슬픔을 극복하지 못한 디도 여왕은 결국 스스로 목숨을 끊는다. 이처럼 아이네이스의 과업을 이루기 위한 선택에 희생한 디도 여왕의 사랑 이야기는 후대에까지 진한 연민과 공감을 불러일으키고 있다.

한편, 카르타고를 떠난 아이네이스는 온갖 항해를 계속해 티베르 강 어구에 도착하고, 그곳 왕인 라티누스의 환대를 받는다. 하지만 라티누스의 아내를 비롯한 토착민들이 아이네이스 일행을 반대하여 그들과 전쟁을 벌인다. 전쟁에 승리한 아이네이스는 라티누스 왕의 딸 라비니아와 결혼하고, 마침내 라비니움을 건설한다.

그리고 라비니아와의 사이에서 실비우스를 낳는데, 그는 로마의 건설자로 알려진 로물루스와 레무스 형제의 조상이다.

디도 여왕의 죽음_ 사랑하던 아이네이스의 배신에 절망한 디도 여왕은 자결하고 만다. **헨리 본의 작품.**

그대는 위대한 자들을 위해 위대한 성벽들을 준비하고 망명길이 길고 고되더라도 결코 포기하지 마라. 그대는 거처를 바꾸도록 하라. 델로스의 아폴로께서 그대에게 권하신 곳은 이 해안이 아니며, 그분께서 정착을 명하신 곳은 크레타가 아니니라.

한 지역이 있는데, 그라이키아인들이 헤스페리아란 이름으로 부르는 곳이니라. 그곳은 오래된 나라로 전쟁에 강하고 땅은 기름지느리라. 오이노트리아인들이 이곳을 경작했느니라. 소문에 따르면, 그 자손들은 왕의 이름을 따 그곳을 이탈리아라고 부른다더라.

–《아이네이스》 중에서

아이네이스를 명계(冥界)로 인도한 무녀상

4. 사랑의 즐거움을 노래한 시인

오비디우스

(Publius Ovidius Naso)

"모든 사랑은 다음에 오는 사랑에 의해서 정복된다."

사랑에 관한 오비디우스의 명언이다. 당시 로마 시대 사람들은 사랑에 대해서 비교적 자유로웠고, 오비디우스는 사랑의 즐거움을 노래한 연애시를 잘 쓰는 것으로 유명했다. 그의 대표작인《사랑의 기술》과《사랑의 치유》는 연애 서적의 원형(原形)이며,《변신 이야기》에 등장하는 수많은 이야기에도 사랑 이야기가 많이 있다. 이처럼 사랑에 관한 오비디우스의 깊은 통찰은 오늘날 살아가는 사람들에게도 통용되고 있다.

고대 로마의 기사 가문에서 태어난 오비디우스는 어린 시절부터 정치가가 되기 위한 교육을 받고 자라났다. 당시 정치가가 되기 위해서는 수사학과 웅변술을 배우는 것이 필수였다. 그는 로마에 유학하여 웅변술의 대가였던 아우렐리우스 푸스쿠스(Arellius Fuscus)와 포르키우스 라트로(Marcus Porcius Latro)에게 수사학을 배웠다. 하지만 이내 자신은 시를 쓸 때 가장 행복하다는 사실을 깨달았다. 그는 잠시 법관으로 관료 생활을 했지만, 아버지의 반대를 무릅쓰고 시인이 되기로 마음을 굳혔다.

그 후 문학을 후원하는 메살라 코르비누스(M. Valerius Messalla Corvinus)에게 발탁되어 당시의 유명 문인들과 교류하며 작품 활동에 전념했다. 오비디우스는 사랑을 주제로 한 연애시를 써서 발표했고, 사랑에 빠진 사람의 마음을 자유롭고 솔직하게 표현한 그의 작품은 많은 사람의 인기를 얻으며 명성을 얻었다.

"사랑은 일에 굴복한다.
만일 사랑으로부터 빠져나오기를 원한다면, 바쁘게 살아라."
-오비디우스

또한, 오비디우스는 자신의 경험과 신화를 바탕으로 《사랑의 기술》과 《사랑의 치유》를 펴냈다. 《사랑의 기술》은 전체 세 권으로 이루어졌는데, 1권은 〈남자가 여자의 마음을 얻는 기술〉이고, 2권은 〈얻은 사랑을 지키는 기술〉, 마지막 3권은 〈여자가 남자의 마음을 얻는 기술〉이다. 또한, 사랑의 상처로 힘들어하는 사람들을 위해서 《사랑의 치유》를 연달아 써냈다.

봄날_ 오비디우스의 작품인 《사랑도 가지가지》의 한 장면이다. **피에르 오귀스트 콧의 작품.**

그런데 오비디우스가 말하는 '사랑의 기술'은 단순히 이성의 마음을 사로잡는 게 목적이 아닌, 진정으로 사랑하는 사람을 내 사람으로 만들고 지키려는 기술이다. 이후 오비디우스는 연애와 사랑에 관한 작품 대신에 신화와 전설에 관심을 기울였다. 사실 신화 속의 신이나 인간도 끊임없이 싸우고, 또 사랑한다. 오비디우스는 사랑 때문에 계속해서 변신하는 신들에게 주목했다. 그는 에우로페의 마음을 얻고자 소로 변신한 제우스 신처럼, 신이나 인간이나 모두 사랑 앞에서는 똑같다고 생각한 것이다.

오비디우스는 신화와 전설 이야기를 모아 자신만의 생각으로 정리했다. 그렇게 해서 탄생한 작품이 《변신 이야기》이다.

"나의 희망은 항상 실현되지는 않지만, 나는 항상 희망한다."
-오비디우스

오비디우스는 베르길리우스, 호라티우스(Horatius)와 함께 고대 로마를 대표하는 3대 시인이다. 시인으로서의 최고의 명예를 누리던 어느 날, 당시 황제였던 아우구스투스는 《사랑의 기술》이 너무 선정적이며, 로마의 풍속을 어지럽힌다는 이유로 금서(禁書)로 지정한다. 그리고 오비디우스는 로마에서 멀리 떨어진 콘스탄차(현재의 루마니아)로 유배를 간다. 그는 로마로 다시 돌아가지 못하고, 그곳에서 생명의 위협을 느끼며 비참하고 쓸쓸한 만년(晩年)을 보내다가 유배된 지 10년 만에 생을 마감했다.

오비디우스의 동상

신화와 전설을 재구성한 서사시

《변신 이야기(Metamorphoses)》

《변신 이야기》는 전체 15권으로 된 대서사시로, 2백여 편의 신화와 전설을 담았다. 이 작품은 모두 '변신'이라는 하나의 주제로 연결되어 있으며, 신화 속 신들의 탄생(천지창조)에서부터 오비디우스 자신의 시대에 이르기까지를 내용으로 한다. 크게는 '신들(1권 452행~6권 420행)', '영웅들(6권 421행~11권 193행)', '역사적 인물들(11권 194행~15권 744행)'로 나눈다. 오늘날까지 전해지는 그리스 로마 신화는 모두 《변신 이야기》를 뿌리로 두고 있다.

"기회란 언제나 예고 없이 찾아온다. 항상 낚싯대를 던져 놓아라.
전혀 기대하지 않았던 곳에서 물고기가 잡힐 것이다."
-오비디우스

이 작품은 전에 없던 새로운 형식과 내용의 서사시로 평가받는다. 작품 속 변신하는 주인공들의 이야기는 마치 오늘날 인생의 변곡점에 있는 사람들의 다양한 모습을 보여주는 듯하다. 그런 점에서 오비디우스는 최초로 신화를 통해 인간의 심리를 설명한 시인으로 평가받기도 한다.

《변신 이야기》 중에서

〈헤르마프로디토스와 살마키스〉

헤르마프로디토스는 신들의 전령인 헤르메스와 미의 여신 아프로디테 사이에서 태어난 아들이다. 그는 부모로부터 아름다운 용모를 물려받았다. 헤르마프로디토스는 이다산에서 물의 요정 나이아스에 의해 자라났다. 그리고 그는 열다섯 살이 되자 집을 떠나 세상을 여행하기 시작했다.

"당신이 사랑받고 싶다면,
사랑받을 만한 가치가 있는 사람이 되어라."
-오비디우스

그러던 어느 날, 할리카르나소스(현재의 터키 보드룸) 근처의 호수에서 살마키스라는 님프(nymph)를 만난다. 그리고 살마키스는 헤르마프로디토스에게 첫눈에 반해 열렬히 사랑을 고백한다.

"여보세요. 혹시 신이 아니신지 모르겠네요. 신이시면 에로스 신이실 테지요? 인간이라면, 그대의 부모 형제들은 복 받은 분들.(중략) 하지만 그분들이 받은 복을, 그대와 혼인을 약속한 처녀가 받을 복에 어찌 견줄 수 있을까요? 그런 처녀가 있다면 말이지요. 그런 처녀가 있으면, 그 처녀 몰래 가만히라도 좋으니 나를 좀 사랑해 주세요. 없어서 나를 애인 삼아 주면 이보다 좋은 일이 없을 테지요. 나를 애인 삼아 주면 이보다 좋은 일이 없을 테지요.

나를 사랑해 주세요."

헤르마프로디토스와 살마키스_ 호수의 님프 살마키스가 미소년 헤르마프로디토스를 를 유혹하는 장면이다. **프랑수아 조제프 나베의 작품.**

갑작스러운 살마키스의 고백에 헤르마프로디토스의 얼굴은 아주 새빨개졌다. 그는 아직 사랑을 모르는 소년이었고, 살마키스의 구애를 거절했다. 그러나 살마키스는 헤르마프로디토스와 절대로 헤어지고 싶지 않았다. 그녀는 호수에서 목욕하고 있는 헤르마프로디토스에게 옷을 벗고 다가가 껴안고는 신에게 '그에게서 떨어지지 않게 해달라'고 기도했다.

결국, 살마키스의 소원은 이루어져 두 사람의 몸은 하나가 되었다. 이렇게 헤르마프로디토스는 남성과 여성을 동시에 가진 존재가 되었다. 이후 '헤르마프로디트(Hermaphrodite)'는 남성과 여성을 동시에 가진 자웅동체(雌雄同體)를 지칭하는 말이 되었다.

우리의 육체도 끊임없이 변합니다. 내일의 우리는, 과거의 우리, 혹은 오늘의 우리가 아닙니다. (중략) 처음의 모양대로 영원히 있을 수 있는 것은 없습니다. 무궁무진한 자연의 조화는 끊임없이 물건으로 제 물건을 지어냅니다. 내 말을 믿으십시오. 이 우주에 소멸되는 것은 없습니다. 변할 뿐입니다. 새로운 형상을 취할 뿐입니다. '태어남'이라는 말은, 하나의 물상이 원래의 형상을 버리고 새 형상을 취한다는 뜻입니다. '죽음'이라는 말은, 그 형상대로 있기를 그만둔다는 말입니다. 이것이 변하여 저것이 되고, 저것이 변하여 이것이 될지언정 그 합은 변하지 않습니다.

–《변신 이야기》 중에서, 〈피타고라스의 가르침〉 일부

양성(兩性)을 갖춘 헤르마프로디토스의 조각상

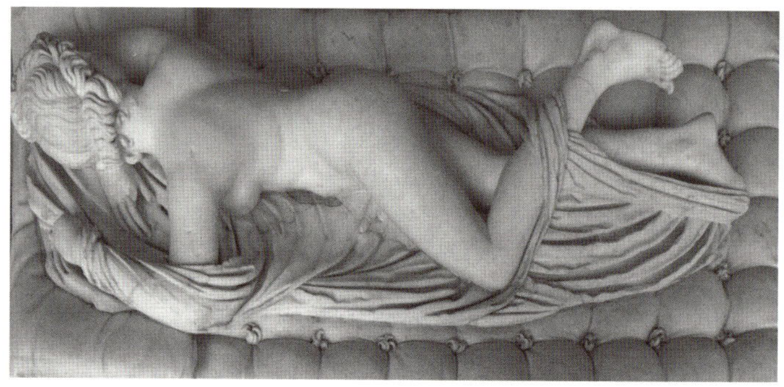

5. 그리스의 마지막 철학자

플루타르코스

(Plutarchos)

"정직과 미덕의 샘이자 근원은 훌륭한 교육에 있다."

고대 그리스 시대의 철학자이자 정치가, 작가인 플루타르코스가 한 말로, 진정한 교육이란 무엇인가를 생각하고 깨닫게 해주는 데 도움을 주는 명언이다. 그는 극단적인 이성주의를 배격하면서도 철학적 성찰을 통해서 '올바른 삶'에 도달할 수 있다고 생각했다. 즉 인간은 비록 흠결(欠缺)이 있지만, 교육을 통해서 어질고 너그러운 품성을 갖춰 참된 삶을 살 수 있다고 믿은 것이다.

플루타르코스는 로마에 정복당한 그리스 출신이다. 그는 잃어버린 조국의 문화를 지키기 위해서는 무엇보다도 교육이 중요하다는 것을 잘 알고 있었다. 당시 로마는 정복지의 문화와 사상을 말살하지 않는 정책을 펼쳤는데, 이런 이유로 플루타르코스는 플라톤학파 철학자인 암모니오스(Ammonios)에게 수학하며 그리스 철학의 명맥을 이었다. 그는 어느 시대에도 유효한 보편적 가치인 지혜를 탐구하여 위대한 철학자로 추앙받았다.

생전의 명성으로 당대의 특권인 로마 시민권도 있었던 그는 식민지 그리스 지식인들의 자존심으로 여겨져 '최후의 그리스인'이라 불린다. 그의 대표작은 《플루타르코스 영웅전》과 《도덕론》이다. 두 작품은 라틴어가 아닌 그리스어로 집필했는데, 특히 《플루타르코스 영웅전》은 그가 20년간 심혈을 기울여 그리스와 로마의 영웅 50명의 삶을 기록한 작품이다. 그는 작품 속 영웅들을 통해서 당대 젊은이들에게 꿈과 희망의 메시지를 주었다.

"아버지로부터는 생명을 받았으나
스승으로부터는 생명을 보람있게 하는 것을 배웠다."
-플루타르코스

플루타르코스는 46년 그리스의 카이로네이아에서 태어났다. 그는 아테네의 아카데미에 입학해 플라톤(Platon) 철학을 공부했는데, 철학 외에 문학, 신학, 수사학, 자연과학 등 다방면에 재능을 보여 일찍부터 아카데미에서 이름을 떨쳤다. 이런 그의 명성은 그리스를 넘어 로마에까지 퍼지게 되었다.

이후 그는 플라톤 철학과 아리스토텔레스(Aristoteles)의 철학을 모두 섭렵했으며, 스토아주의와 에피쿠로스주의를 성공적으로 절충해냈다. 즉 플라톤의 '철학적 삶'을 지향했지만, 아리스토텔레스처럼 '실천적 삶'을 포기하지 않았다.

또한, 스토아 철학자들처럼 도덕을 중요하게 여겼지만, 인간으로서 부족한 부분에 대해서는 관대한 편이었다. 그런 점에서 플루타르코스를 '절충주의자'라고 부르기도 한다. 하지만 그는 아리스토텔레스도 플라톤의 연장선에서 이해하고, 플라톤의 철학에 기초해서 '올바름'을 실천하는 도덕적인 삶을 역설했다.

플루타르코스는 델포이의 아폴론 신전에서 30년 동안 신관(神官)으로 지냈다. 당시 신관의 역할은 사람들이 묻고 바라는 것에 신(神)을 대신하여 지혜로운 답을 주는 것이었는데, 이것이 그가 지중해 문명을 주도한 수많은 왕과 영웅들의 삶과 그들의 사상에 관심을 둔 이유이기도 하다. 플루타르코스는 아폴론의 신관이자 자신의 고향의 지방 행정관의 임무를 수행하는 것 이외의 시간에는 전기(傳記)를 저술하는 작가로서 집필에 몰두했다.

"실수는 사람의 힘으로 막을 수 없다.
그러나 지혜롭고 훌륭한 사람은 실수와 오류로부터
미래를 대비하는 지혜를 배운다."
–플루타르코스

당시 그리스는 로마의 지배를 받는 식민지였지만, 문화에서만큼은 여전히 위세가 높았다. 심지어 로마의 귀족들조차 그리스어를 배웠고, 그리스 조각 양식으로 만든 집에 살면서 그리스 문화를 즐기는 풍조가 있었다. 그리스 문화를 좋아하기는 로마의 황제도 마찬가지였는데, 로마 황제는 플루타르코스를 직접 로마로 초대하여 그리스 철학과 예술을 가르쳐 달라고 부탁했다.

플루타르코스는 로마로 건너가 철학과 수사학을 가르쳤는데, 플루타르코스의 풍부한 학식과 탁월한 언변 덕분에 로마의 힘이 있는 후원자들을 모았다. 그들 중에는 플루타르코스가 《테세우스》 등 여러 책을 헌정한 원로원의 실력자 소시우스(Socius Senecio)가 있었다. 그는 소시우스의 도움으로 로마 시민권을 얻을 수 있었다. 또한, 로마의 집정관을 지낸 메스트리우스(Lucius Mestrius)가 있는데, 그로 인해 플루타르코스는 '루키우스 메스트리우스 플라타르쿠스'라는 로마식 이름을 갖게 되었다.

플루타르코스는 그리스의 교육과 로마의 권력 관계를 대표하는 인물이다. 그리스와 로마를 연결한 지혜의 탐구자였던 그는 그리스와 로마에 전해 내려오는 영웅들의 삶에서 교훈을 얻기 위해 역사를 연구하고 그들의 일대기를 썼다. 그렇게 해서 탄생한 것이 바로 《플루타르코스 영웅전》이다.

델포이 아폴론 신전_ 그리스 델포이 파르나소스산 동쪽에 있는 신전으로, 고대 그리스인들은 델포이를 세계의 중심이라고 믿었다.

그리스와 로마의 비교 열전

《플루타르코스 영웅전(Parallel Lives)》

《플루타르코스 영웅전》은 고대 그리스와 로마의 영웅들에 대한 위인전이다. 플루타르코스는 그리스와 로마의 비슷한 인물들을 비교 구성하고, 마지막에 두 인물 간의 비교와 평가를 넣어 스물두 쌍의 '대비 열전'과 네 개의 '단독 열전'으로 구성했다. 이 작품의 도입부에서는 아테네의 민주정을 열었던 테세우스(Theseus)와 로마를 건국한 로물루스(Romulus)로부터 시작하여 카이사르(Gaius Caesar), 알렉산더(Alexande) 대왕, 폼페이우스(Pompeius) 등의 고대 영웅들을 서술했다.

플루타르코스는 이 작품을 통해서 비단 영웅의 훌륭한 업적뿐만 아니라 잘못한 모습도 있는 그대로 보여주고, 이에 대한 평가도 서슴지 않았다. 이는 영웅 이야기를 통해서 가치 있는 교훈을 얻기 바란 플루타르코스의 뜻이었다. 《플루타르코스 영웅전》은 테세우스와 로물루스의 이야기와 함께 플루타르코스의 비교 평으로 시작한다.

"아테나이를 세운 '아름답고 이름 높은 테세우스'와
로마의 아버지로 '무적이며 영광스러운 로물루스'를
서로 붙여서 소개하면 좋겠다는 생각이 든다."
–《플루타르코스 영웅전》 중에서

《플루타르코스 영웅전》 중에서

〈테세우스 편〉

테세우스는 아테네의 왕 아이게우스의 아들이다. 자식을 갖지 못해 델포이에서 신탁을 받고 돌아오던 아이게우스는 트로이젠의 왕이자 자신의 친구였던 피테우스를 만나러 간다. 그곳에서 피테우스의 딸 아이트라와 동침을 하는데, 그 사이에서 태어난 아들이 테세우스다. 아이게우스는 테세우스가 태중에 있을 때 떠나는데, 아이트라 공주에게 신표(信標)를 준다.

그는 자신의 샌들과 검을 신표로 큰 바위 밑에 놓고, 아이가 이 바위를 들어 올릴 수 있는 나이가 되어 신표를 찾으면 아테네로 찾아오라는 말을 남기고 떠났다. 장성한 테세우스는 바위를 들어 올려 아버지가 남긴 신표를 찾아낸다.

그리고 아테네로 아버지를 찾아 길을 떠난다. 테세우스는 아테네로 가는 여정에서 열두 가지 과업을 수행하며 아테네를 괴롭히는 괴물들을 제거했다.

아테네로 가는 여정 중, 프로크루스테스를 퇴치하는 테세우스의 모습을 묘사한 고대 그리스 도자기의 그림이다.

"어떤 이에게도 도움을 요청하지 않고
홀로 여러 가지 훌륭한 업적을 이룩했으니,
'보라, 또 다른 헤라클레스가 나타났다'라는 말은
테세우스를 두고 하는 말로 통용되었다."
-《플루타르코스 영웅전》 중에서, 〈테세우스 편〉

이는 헤라클레스와 테세우스를 동일시한 것이다. 어느덧 열두 가지 과업을 마치고 아버지를 찾아와 신표를 보여주자 아이게우스 왕은 기뻐하지만, 아테네 시민들은 달가워하지 않았다. 그러나 테세우스는 점점 아테네 시민에게 신망을 얻기 시작한다.

당시 아테네는 크레타에게 조공을 바쳤는데, 크레타는 미궁(迷宮)의 괴물 미노타우루스에게 아테네의 선남선녀들을 제물로 바치고 있었다. 이에 테세우스는 스스로 제물이 되어 크레타로 향했다. 이때 제물을 운반하는 배는 슬픈 운명을 표하기 위해 검은 돛을 달았다. 머리는 소요, 몸은 인간인 미노타우르스가 갇힌 미궁은 도저히 빠져나올 수 없는 곳이었다. 하지만 테세우스에게 반한 미노스 왕의 딸 아리아드네와 미궁의 설계자 다이달로스의 도움으로 테세우스는 미노타우르스를 처단하고, 미궁을 빠져나왔다.

미노타우루스를 칼로 베는 테세우스 조각상

"앗티케 해안에 가까워져 왔는데도 불구하고
아무도 아이게우스에게 무사 귀환을 알리는 돛을 달지 않았다.
절망에 빠진 아이게우스는 절벽에서 몸을 던져
산산이 부서져 버렸다."
-《플루타르코스 영웅전》 중에서, 〈테세우스 편〉

아테네로 돌아가는 길, 테세우스는 한가지 실수를 한다. 그는 크레타에서 자신이 살아서 돌아오면 배에 흰 돛을 달기로 한 약속을 잊어버린 것이다. 결국, 검은 돛을 단 채로 고국 아테네로 돌아왔는데, 검은 돛을 본 아이게우스는 아들이 전사한 것으로 알고 슬픔에 겨워 바다로 뛰어들어 스스로 목숨을 끊는다. 이후 테세우스는 아버지의 뒤를 이어 아테네의 왕이 되었다.

한편, 테세우스가 아테네로 귀환할 때 타고 온 배를 아테네인들은 긴 세월 동안 보존했다. 그런데 판자로 된 배는 세월이 가면서 낡고 썩어서 새 판자로 갈아 넣기를 반복했는데, 몇십 년이 지나면서 최초의 판자는 단 한 개도 없었다. 이를 두고 이 배가 과연 '테세우스의 배'인가 하는 철학적 담론이 형성되어 오늘날까지 큰 화두로 자리 잡았다.

"테세우스와 아테네의 젊은이들이 탄 배는 서른 개의 노가 달려 있었고, 아테네인들에 의해 데메트리오스 팔레레우스 시대까지 유지 보수되었다. 부식된 헌 널빤지를 뜯어내고 튼튼한 새 목재를 덧대어 붙이기를 거듭하니, 이 배는 철학자들 사이에서 논쟁이 일어났다. 어떤 이들은 배가 그대로 남아 있다고 주장했고, 어떤 이들은 다른 배가 되었다고 주장했다."

《플루타르코스 영웅전》 중에서

〈로물루스 편〉

로마의 건국은 늑대 젖을 먹고 자란 로물루스(Romulus)와 레무스(Remus) 쌍둥이 형제로부터 시작한다. 고대 그리스 트로이 전쟁의 영웅 아이네이스의 아들인 누미토르(Numitor)와 아몰리우스(Amulius)는 권좌를 두고 싸우게 된다. 이때 동생 아몰리우스가 형 누미토르를 죽이고 승리하고, 누미토르의 아들인 로물루스와 레무스를 테베레 강에 버린다. 이를 늑대가 형제에게 젖을 물려 생명을 유지하던 중에 양치기 파우스툴루스에게 발견되어 자라났다.

이후 성인이 된 쌍둥이 형제는 세력을 키워 아몰리우스를 죽이고, 자신들이 파우스툴루스에게 발견되었던 자리에 새로운 도시를 세우기로 한다. 그러나 도시를 건설해가는 과정에서 형제간의 권력 싸움이 벌어지고, 결국, 형인 로물루스가 동생 레무스를 죽인 후 도시를 건설하는 일에 착수했다. 마침내 도시 건설을 끝낸 로물루스는 그곳을 로마(Rome)라고 불렀다.

"로마는 전쟁을 자양분으로 삼아 팽창할 것이며,
가장 크고 위대한 도시가 될 것이다."
-《플루타르코스 영웅전》 중에서, 〈로물루스편〉

늑대 젖을 먹는 로물루스와 레무스 쌍둥이 형제의 청동상 그런데 로물루스는 도시를 건설한 후, 사비니 여인들을 납치해 왔다. 이는 새로 이주해 온 사람들에게 아내가 없어서이기도 했지만, 여인들을 잘 구슬려서 사비니와 동맹을 맺으려는 의도였다. 그러나 로물루스의 만행에 격분한 사비니는 로마를 쳐들어오고, 이때 납치되었던 사비니의 여인 헤르실리아의 중재로 전쟁은 일단락되었다.

하지만 로물루스는 사비니를 배신하고, 사비니의 왕 아크론과의 결투에서 그를 제압한다. 이후 로물루스는 로마의 군사 제도를 개편하고, 최고의 권력을 잡은 군주로서 로마를 다스린다. 그러나 모든 것을 성취한 로물루스는 비참한 최후를 맞이한다.

"로물루스는 복종이 아니라
명령을 내리기 위해 태어난 사람이다."
-《플루타르코스 영웅전》 중에서, 〈로물루스편〉

한편, 플루타르코스는 테세우스와 로물루스를 비교 평가하면서 이렇게 말한다. "테세우스는 스스로의 선택으로 큰 업적을 이루었고, 타인을 위해 악인들에게 맞섰다. 하지만 로물루스는 두려움에서 비롯된 용기를 냈으며, 영광을 추구하기 위해 위대한 업적을 수행했다." 즉 플루타르코스는 진정으로 아름다운 영웅이란, 자신만의 영광이 아닌 타인을 위하고 배려할 줄 아는 인물이 진정한 영웅이라고 평을 한 것이다.

도시를 크게 확장하고자 했던 테세우스는 모든 이를 동등한 자격으로 도시에 초청했다. '모든 이여, 이리로 오라'는 말은 테세우스가 다양한 조건을 지닌 온갖 종류의 사람들로 이루어진 민족을 수립하며 한 말이라고 한다. (중략) 아리스토텔레스에 의하면 테세우스는 처음으로 절대 왕권을 포기하고 군중에게 가까이 다가간 사람으로, 이것은 호메로스의 말에서도 증거를 찾을 수 있다. 호메로스는 《일리아스》에 나오는 함선의 목록에서 아테나이 사람들을 '민중'이라고 표현한다.

–《플루타르코스 영웅전》 중에서, 〈테세우스 편〉

예상치 못한 행운 덕분에 권력과 명예를 쥔 거의 모든 사람과 마찬가지로, 로물루스는 자신의 업적에 도취하여 좀 더 거만한 태도를 취했으며, 기존의 방식을 군주의 방식으로 바꾸었다. (중략) 로물루스는 갑자기 사라졌고, 그의 시신의 어느 부분도, 찢어진 옷가지조차 발견되지 않았다. 혹자는 불카누스 신전에서 회동했던 원로원들이 로물루스를 덮쳐 죽인 뒤, 시신을 토막내어 각각 한 토막씩 옷에 숨겨 가져갔다고 추측한다.

–《플루타르코스 영웅전》 중에서, 〈로물루스 편〉

6. 로마를 대표하는 서정시인

호라티우스

(Quintus Horatius Flaccus)

"역경에 처했다고 상심하지 말고,
성공했다고 하여 지나친 기쁨에 휩쓸리지 말라."

로마의 최초 황제인 아우구스투스 시대에 활동한 서정시인이자 풍자작가인 호라티우스가 한 말이다. 그는 로마의 공화정에서 제정시대로 넘어갈 때 살았는데, 카이사르(Gaius Caesar)는 브루투스((Marcus Junius Brutus)에게 암살당하고, 또 브루투스는 아우구스투스에게 당하는 혼란한 시기였다. 이때 호라티우스는 브루투스의 편에서 싸우다가 크게 패했지만, 그의 문학적 자질로 다시 복권되었다.

호라티우스는 두 개의 장르를 남겼다. 하나는 서정시와 풍자시이고, 다른 하나는 서간문(편지글)이다. 그 유명한 '카르페 디엠(Carpe diem)' 구절이 있는 시(詩)는 서정시에 속한다. 그의 〈송가〉와 운문 서간집에 가장 많이 나오는 주제는 바로 사랑과 우정이었다. 또한, 오늘날 문학과 미술, 음악에 붙는 '클래식(Classic)'이란 말도 호라티우스에 의해 정의된 것이다.

호라티우스의 흉상

"과거와 현재,
그리고 미래는 실제로 하나이다.
그것은 모두 '오늘'이다."
-호라티우스

암살당하는 카이사르_ 브루투스를 비롯한 일당들이 카이사르를 암살하는 모습이다. **빈첸초 카무치니의 작품.**

호라티우스는 남부 이탈리아 베노사에서 태어났다. 그는 어린 시절부터 아버지에게 세심한 교육을 받았으며, 기원전 45년 당시 문화와 예술의 중심지인 아테네에 유학하여 고대 그리스 철학과 문학을 공부했다. 이 시기에 그는 브루투스와 친교를 맺는다. 호라티우스는 카이사르 암살 후 로마의 내란이 그리스에도 파급되자 공화제 옹호를 내세운 브루투스 진영에 가담하여 필리피의 전투에서 군단 사령관이 되었다.

그는 브루투스를 따라 소아시아 지방에서 여러 전투에 참여했으나 안토니우스(Marcus Antonius)에게 패하였다. 결국, 브루투스는 자결을 택했고, 호라티우스는 전 재산을 몰수당했다. 기원전 40년을 전후로 호라티우스는 사면을 받아 로마로 돌아온다. 그는 하급관리로 지내면서 시를 쓰기 시작했으며, 베르길리우스의 소개로 후원자 마에케나스(Maecenas)를 만난다. 이 만남은 호라티우스가 사망할 때까지 깊은 우정 관계로 발전한다.

"사랑과 웃음이 없는 곳에서 즐거움이 있을 수 없다.
사랑과 웃음 속에서 살아라."
-호라티우스

이후 로마에 정착한 호라티우스는 정치에 대하여 절망을 느끼고 있었으나, 악티움 해전 무렵부터 차차 옥타비아누스(아우구스투스 황제)의 정책에 동감하며 함께 하기로 한다. 기원전 19년, 베르길리우스가 죽은 후 그는 문학 비평의 탁월한 권위자가 되었다. 호라티우스는 모든 학파와 무관하게 독자적인 철학을 전개했다.

그는 88편으로 이루어진 네 권의 〈송가〉를 끝으로, 더는 집필하지 않았다. 그러나 기원전 17년, 아우구스투스 황제가 고대 축제인 세기제(世紀祭)를 열자 호라티우스는 〈세기의 찬가〉를 짓는다. 이후 기원전 8년에 생을 마감했다.

베노사 시에 있는 호라티우스의 동상

〈송가〉 중에서
‘카르페 디엠’

호라티우스의 라틴어 시의 한 구절인 ‘카르페 디엠(Carpe diem)’은 ‘오늘을 즐기라’는 뜻으로 인용한다. 가끔 의역으로 ‘오늘 최선을 다하자’라는 뜻으로 풀이되기도 한다. 그 순간에 집중하자는 의미이지만, ‘노력’보다는 ‘상황’에 더 초점을 두고 있다.

“짧은 우리네 인생에서 긴 욕심을 버려라.
이렇게 말하는 순간에도 시간은 우리를 시샘하며 흘러가 버리니,
내일은 믿지 마라. 오늘을 즐겨라”
-〈송가〉 중에서

호라티우스는 자신의 삶 속 경험을 고스란히 〈송가(頌歌)〉에 담아낸 시인이다. 인생의 우여곡절이 많았던 그가 주목한 것은 ‘현재’였다. 물론 미래를 준비하며, 현재를 희생하는 것도 가치 있는 일이다. 하지만 꼭 현재를 희생한다고 하여 미래의 가치가 높아지리라는 보장은 없다.

호라티우스는 바로 이것을 몸소 체득하였다. 그는 ‘미래의 나’도 나 자신이지만, ‘현재의 나’도 자기 자신이기 때문에 자칫 미래만 좇다가 현재의 자신을 잃어버리지 않기를 바란 것이다.

"카르페 디엠, 매 순간을 즐겨라.
소년들이여, 삶을 비상하게 만들어라!"
-영화 〈죽은 시인의 사회〉에서, 존 키팅

'카르페 디엠'은 호라티우스가 로마 아우구스투스 황제에게 바친 시라고 알려져 있다. 그런데 이 구절을 오늘날 가장 널리 퍼뜨린 계기는 1989년 작 영화 〈죽은 시인의 사회〉였다. 전통을 중요하게 여기는 보수적인 학교인 웰튼 아카데미에 존 키팅이 국어 선생으로 부임한다.

영화 〈죽은 시인의 사회〉의 한 장면으로, 카르페 디엠을 대중에게 알리는 큰 계기가 되었다.

그는 매우 '특별한' 존재였는데, '미래(대학입시)'라는 미명에 '현재(학창시절)'의 행복을 포기하는 제자들에게 새로운 가르침을 준다. 바로 '카르페 디엠, 매 순간을 즐기며 살아라!'였다. 영화 속 존 키팅은 소년 제자들의 자유 정신을 일깨우는 말로 카르페 디엠을 사용했다.

이처럼 호라티우스의 작품들은 다른 고대 작가들과 달리 후대에까지 끊임없이 수용됐다. 그가 후배 젊은 시인들에게 시 쓰는 법을 쓴 〈시학: 피소 3부자에게 보낸 편지〉는 자신의 경험과 당대의 문제를 토대로, 작시 기법을 담아냈다. 그의 〈시학〉은 여전히 시인들의 교본(教本)으로 읽히고 있다.

"시(詩)는 아름다워야 하지만,
그것은 시인에 의해 경험되어진 것으로
청중의 마음을 사로잡아야 한다.
내가 누군가를 울리고자 한다면,
먼저 나 자신이 고통을 느껴야 한다."
-호라티우스

또한, 호라티우스가 주는 권고는 단지 사례만 제시할 때조차 고대는 물론이요, 중세에 이르기까지 일반적인 규범으로 간주 됐다. 중세의 시인 단테는 호라티우스에 대해 '우리의 대가(大家)'라고 말한 바 있다. 이는 르네상스 시대에 이르러 더욱 강화됐고, 근대 초기 고전주의에서 정점을 이루었다.

호라티우스와 리디아_ 연인 리디아를 위해 자신의 시 '그대 사랑을 받던 때'를 낭송하는 모습이다. **존 말러 콜리어의 작품.**

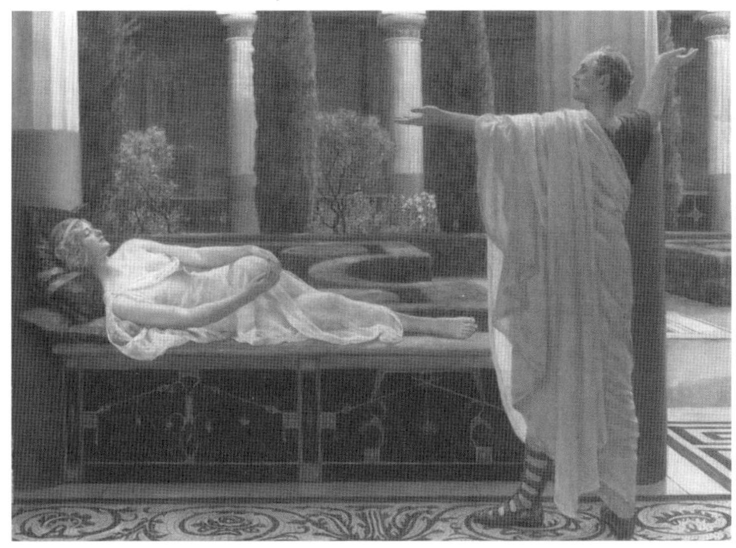

이 세상이 끝나는 날, 신(神)이 너와 나를 위해 과연 무엇을 준비해 두었는지 물으려 하지 말아라. 우리는 그것을 알 수 없기에. 그리고 바빌로니아 점술가들은 그때가 언제인지를 계산하려 하지 말아라. 무엇이, 어떤 상황이 우리에게 닥치더라도 그것을 받아들여라. (중략) 짧기만 한 이 인생에서 먼 희망은 접어야 한다. 우리가 이렇게 말을 하고 있는 동안에도, 시간은 우리를 시샘하며 멀리 흘러가 버리니, 내일이면 늦으리니. 카르페 디엠!

–〈송가〉 중에서

제2장

르네상스의 탄생

고전주의

1. 근대 문학의 지평을 연 시인, **단테 알리기에리**
2. 근대 소설의 선구자, **조반니 보카치오**
3. 르네상스 최고의 인문주의자, **에라스무스**
4. 이상적 정치이념을 주장한 사상가, **토머스 모어**
5. 영문학의 아버지, **제프리 초서**
6. 풍자와 해학의 작가, **미겔 데 세르반테스**
7. 세계적인 대문호, **윌리엄 셰익스피어**

1. 근대 문학의 지평을 연 시인

단테 알리기에리
(Dante Alighieri)

"아주 작은 불꽃이 커다란 불길로 타오를 수 있다."

'르네상스'라는 새로운 문을 연 단테가 한 말이다. 그는 중세의 암흑을 깨고 근대의 여명을 밝힌 선구자였다. 단테는 르네상스의 발상지이며 중세문화의 중심지였던 이탈리아 피렌체에서 귀족 가문의 아들로 태어났다. 비록 가문의 가세는 기울었지만, 그의 아버지는 단테의 교육만은 소홀히 하지 않았다. 단테는 학구열이 높았으며, 책임감 있고 자신에게 엄격한 청년으로 성장했다. 단테는 다섯 살에 어머니를 여의고 의붓어머니의 손길에 자랐는데, 그래서인지 그는 모성애를 제대로 알지 못한 채 동경의 마음만을 키웠다.

단테의 생애에 큰 영향은 준 베아트리체는 그가 아홉 살이 되던 해에 만났다. 어느 날, 아버지를 따라 파티에 참석한 소년 단테는 그곳에서 베아트리체를 처음 만나고, 첫눈에 반해 사랑에 빠지고 말았다. 베아트리체는 단테의 작품 활동에서도 중요한 역할을 한 여인이다. 그의 걸작 《신곡》에서 베아트리체는 천국의 안내자이자 구원의 여인으로 나온다. 스물네 살이라는 젊은 나이에 요절한 베아트리체는 단테의 영원한 연인이었으며, 그의 삶의 의미이자 예술적 영감의 원천이었다.

"나는 할 수 있다.
나는 해낸다.
나에게는 저력이 있다.
나에게는 오직 전진뿐이다.
이런 신념을 지니는 습관이
당신의 목표를 달성시킨다.
너의 길을 걸어가라.
사람들이 무어라 떠들든 내버려 두어라."

-단테 알리기에리

단테는 《신곡》을 집필하기 전에 피렌체 공화국의 정치에 뛰어들었다. 당시 피렌체는 집권 세력인 겔프당이 흑당과 백당으로 갈라져 혼란스러운 상황이었다. 단테는 백당의 당원이었는데, 교황을 지지하던 흑당은 막강한 힘이 있었던 반면에 교황의 정치적 야심을 반대하던 백당은 피렌체 시민의 지지를 받았다. 그런데 단테가 로마의 사신으로 파견되어 머무는 동안 피렌체의 상황이 급변했다. 정권을 차지한 흑당이 백당의 당원을 모두 추방하기 시작했다. 물론 단테도 예외는 아니었다. 그에게는 영구추방과 체포될 경우 사형에 처한다는 조치가 취해졌다.

단테와 베아트리체_ 단테가 연인 베아트리체를 만나는 장면이다. **헨리 홀리데이의 작품.**

"한 번도 실패하지 않는 것이 아니라
실패할 때마다 일어서는 것을 목표로 하라."
-단테 알리기에리

이때부터 단테의 방랑 생활이 시작되었다. 그는 피렌체를 벗어나 이탈리아 전역을 다니며 망명 생활을 하다가 자신을 지지하는 영주의 도움으로 라벤나에 정착한다. 그리고 자신의 삶과 신앙에 대한 글을 쓰기 시작했는데, 이 작품이 바로 《신곡》이다. 《신곡》은 단테가 죽기 1년 전에 완성되었다.

그는 시민의 애도 속에서 성 프란체스코 교회에 안치되었다. 그 후 뒤늦게 단테의 위대성을 깨달은 피렌체에서는 그를 추방한 것을 후회하고, 그의 작품을 모든 이들이 널리 읽도록 하였다.

종교(신) 중심의 사회였던 중세시대에서 인간(휴머니즘) 중심의 근대 사회가 시작되었음을 알린 《신곡》은 종교뿐만 아니라 정치, 문학, 철학 등 여러 분야에 큰 영향을 미쳤다. 서양 문학에서는 단테를 셰익스피어와 나란히 견주기도 한다.

괴테를 비롯한 많은 작가가 단테의 《신곡》을 인류의 걸작으로 손꼽으면서 그의 작품에서 예술적 영감을 얻기도 했다.

단테의 가묘가 있는 산타 크로체 성당

구원에 이르는 과정을 다룬 서사시

《신곡(神曲)》

《신곡》은 단테가 지옥과 연옥, 그리고 천국을 여행하다가 마침내 구원에 이른다는 내용의 작품이다. 단테가 평소 존경하던 고대 로마의 시인 베르길리우스를 만나 지옥의 문 앞으로 향하면서 이야기는 시작된다. 단테는 지옥에서 사흘, 연옥에서 사흘을 보낸 후 베르길리우스와 헤어진다.

그리고 그의 앞에 첫사랑 베아트리체가 나타나 단테와 함께 사흘간의 순례를 떠난다. 그는 순례에서 여러 교황과 왕들, 학자와 예술가 등을 만나고, 그 과정에서 삶과 죽음, 죄와 벌의 의미를 알게 된다. 그러면서 인간으로서의 기쁨과 위안을 찾는다. 그리고 순례가 끝나는 마지막 날, 단테는 하나님의 사랑에 눈을 뜨면서 이야기는 끝이 난다.

《신곡》은 〈지옥편〉, 〈연옥편〉, 〈천국편〉 전체 3부로 이루어졌으며, 각 편은 33개의 노래로 구성되었다. 서곡까지 포함하면 모두 100개의 노래로 구성된 서사시이다. 여기서 '3'은 삼위일체(三位一體)를 뜻하고, '100'은 완전수를 의미한다.

단테 알리기에리의 조각상

《신곡》 중에서
〈지옥편〉

서른다섯 살이 단테는 인생의 절반을 살아왔지만, 여전히 삶 속 혼란을 느끼고 있었다. 이런 그의 앞에 표범과 사자, 그리고 늑대가 나타났는데, 세 짐승은 각각 음란과 오만, 탐욕을 상징한다. 단테는 고대 로마 시대의 시인 베르길리우스와 함께 순례에 나선다.

"여기로 들어오는 모든 이는 희망을 버려라."

단테와 베르길리우스가 지옥에 도착했을 때 '지옥문'에 적힌 글귀이다. 지옥은 모두 아홉 개의 층으로 나누어졌는데, 죄의 위중에 따라 벌을 받았고, 깊이 들어갈수록 형벌은 가혹하였다. 그곳에는 신앙심이 없는 자, 이단자, 자살한 자, 탐욕스러운 자, 아부하는 자, 위선과 절도를 일삼는 자 등이 형벌을 당하고 있었다.

첫 번째 층에는 기독교 전파 이전에 태어난 사람들이 있었는데, 호메로스, 오비디우스, 소크라테스(Socrates) 등 고대의 위인들도 있었다. 그들은 기독교의 세례를 받지 못한 불운으로 온 것이었다. 실질적인 고통은 두 번째 층부터 시작되는데, 한 층씩 갈 때마다 더욱 끔찍한 고통을 받는 자들이 등장했다. 애욕에 빠진 자들은 영원히 불안에 떠는 벌을 받고, 탐식의 죄를 저지른 자는 자기 배설물 위에 앉아 있는 벌을 받기도 했다.

단테는 지옥의 여러 참상을 목격하면서 지옥 중에서도 가장 깊은 곳인 아홉째 층에 이르고, 갈수록 울음과 고통의 비명들이 울려퍼졌다. 그중에서 두 사람이 서로 엉켜있는데 위에 있는 사람이 아래에 있는 사람의 목덜미를 울부짖으며 잔혹하게 물어뜯는 장면이 나온다. 단테는 이 장면을 매우 생동감 있게 표현했다.

"나는 게라르데스카의 우골리노 백작이었소. 지금 나에게 이렇게 물어뜯기고 있는 자는 우발디니의 루지에르 대주교지요. 내가 왜 이놈에게 이런 짓을 하고 있는지 말하리다. 이놈의 사악한 술수에 넘어가 내가 권력투쟁에서 패배하게 되자 이놈은 나와 나의 아들들을 탑 속의 감옥에 가둬 버렸지요.

그 끔찍한 감옥에도 희미한 빛이 새어 들어오더이다. 눈에 비친 자식들의 얼굴과 내 모습이 똑같다고 생각하니 너무나도 마음이 아파 나도 모르게 내 손을 깨물었지요. 그러자 자식들은 내가 배고파서 그러는 줄 알고, '아버지, 저희를 잡수시면 그만큼 저희의 고통도 줄어들 거예요. 아버지께서 저희에게 육신을 입혀 주셨으니 이제는 벗겨 주세요.'라고 말하더구려.

그러나 세상의 어느 아비가 그런 부탁을 들어줄 수 있겠소? 나흘이 지나자 첫째아들이 죽고, 이후로 나머지 세 아들도 차례로 눈을 감았지요. 그리고 얼마 후엔 나 역시 오랫동안 먹지 못해 장님이 되고 말았소. 아이들이 죽고 나서 이틀 동안 그들의 이름을 불러 대며 대성통곡을 하였는데, 슬픔보다도 허기가 더 견딜 수 없더이다.

그러다가 나는 결국 굶주림에 못 이겨 자식들의 시신을 먹는 끔찍한 죄를 저지르고야 말았소. 고통에도 지지 않던 나도 결국 배고픔에 굴복하고 말았던 거요."

지옥의 지도_ 단테의 《신곡》에 나오는 아홉 층의 지옥을 묘사한 그림이다. **보티첼리의 작품.**

자신의 이야기를 끝낸 우골리노는 다시 루지에르의 머리통을 미친 듯이 물어뜯으며 큰 소리로 울부짖었다. 단테는 지옥의 끔찍한 참상에 눈을 뜰 수 없었다.

"우린 더 높은 계단까지 올라가야 한다. 그놈들에게서 벗어났다고 다 끝난 것이 아니다. 알아들었으면 용기를 내라."

베르길리우스가 단테에게 용기를 심어주기 위해 한 말이다. 그는 단테와 함께 하는 여정에서 안내자의 역할에 충실했다. 베르길리우스의 조언에 용기를 낸 단테는 곧 의연함을 되찾았고, 두 사람은 지옥을 벗어날 수 있었다.

대주교의 목을 물어뜯는 우골리노_ 두 사람의 참혹한 모습에 놀란 단테와 베르길리우스의 모습이 보인다. **아돌프 부그로의 작품.**

《신곡》 중에서

〈연옥편〉

지옥에서 사흘을 보낸 단테와 베르길리우스는 연옥에 도착했다. 이곳은 천국에 들어갈 기회가 있는 사람들이 자신들의 죄를 씻어내는 '정죄(淨罪)의 산'이다. 그들은 천국에 가겠다는 의지로 정진하고 있었다.

"이 산은 다른 산과 다르다.
아래에서 시작할 때 가장 힘들고,
위로 오를수록 더 쉬워진다."
-베르길리우스

연옥은 모두 7층으로 구성되어 있다. 각 층은 인간의 일곱 가지 죄악, 즉 오만, 시기, 분노, 태만, 인색과 낭비, 탐식, 애욕을 의미한다. 그런데 산을 오를수록 일곱 가지 죄악은 하나씩 사라진다. 이것은 죄의 형벌이 경감(輕勘)되는 것으로, 점점 천국이 가까워지고 있음을 알 수 있다.

단테와 베르길리우스가 첫 번째 언덕을 올랐을 때 어깨에 무거운 바위를 짊어지고 오르는 한 무리의 사람들을 만나게 되었다. 그들은 속죄의 영혼들로, 저마다 무거운 짐을 짊어지고 느릿느릿 걸으면서 주기도문(예수가 제자들에게 가르쳐 준 기도)을 읊어댔다.

그들은 생전에 주일에만 교회에 나가면서 스스로 그리스도인이라 자처하고, 자신의 재능이나 권력 등을 무기로 다른 사람들을 무시했었다. 그들은 '하나님의 심판'을 향해 한 걸음씩 나아가는 것이 바로 인생이라는 사실을 몰랐다. 베르길리우스는 그들의 영혼이 천국에 오르기를 기도한 후 단테를 다음 연옥으로 안내했다.

속죄의 행렬_ 속죄받기 위해 무거운 바위를 짊어진 영혼들의 모습이다. **귀스타브 도레의 작품.**

"지성과 기술로 여기까지 데려왔으나
이제부터는 '그대의 기쁨'이 안내자가 될 것이다."
-베르길리우스

계속해서 연옥의 언덕을 오르던 단테는 점점 빛이 환해지며 몸이 가벼워지는 것을 느꼈다. 이때 단테의 앞에 새하얀 너울을 쓰고, 올리브 잎 왕관을 쓴 여인이 나타났다. 바로 베아트리체였다.

"단테여, 저를 좀 바라보세요. 저는 당신이 그렇게도 사랑하던 베아트리체입니다. 당신이 여기까지 어떻게 올라올 수 있었는지를 생각해 보세요. 여긴 축복받은 자들만이 들어오는 곳이라는 사실을 잊어서는 안 됩니다."

베아트리체는 자애로우면서도 엄숙한 목소리로 단테에게 말했다. 그런데 천국으로 들어가기 전, 베르길리우스가 작별을 고한다. 그는 세례를 받지 않아 천국에 들어갈 수 없었다. 베르길리우스가 말한 '그대의 기쁨'은 바로 단테의 영원한 사랑인 베아트리체였다. 베아트리체는 베르길리우스를 대신해 단테를 천국으로 인도했다.

연옥의 모습_ 연옥문 앞에 선 단테의 모습으로, 피렌테 두오모 성당에 있는 유명한 그림이다. **도메니코 디 미켈리노의 작품.**

《신곡》 중에서

〈천국편〉

천국은 열 겹의 하늘로 이루어졌는데, 지옥과 연옥처럼 각각의 선(善)에 따라 행복을 누리고 있었다. 단테는 베아트리체와 함께 첫 번째 하늘인 월광천(月光天)부터 아홉째 하늘인 원동천(原動天)을 거쳐 하나님이 머무는 정화천(淨化天)까지의 여정을 떠난다.

"당신은 지금 당신의 잘못된 상상력으로 자기 자신을 가두려 하고 있어요. 스스로 자신의 눈을 가리고 있는 꼴이에요. 지금 이곳은 지상의 피렌체가 아니라 당신의 원래 고향이었던 천국이에요. 그리고 지금 들려오는 저 소리와 강렬한 빛은 당신의 본향으로의 귀향을 반기는 하늘의 은총입니다."

베아트리체가 천국에 들어선 단테를 진정시키기 위해 한 말이다. 그녀는 단테를 안내하는 동안에 그가 궁금해하는 것과 구원의 신비로움을 설명해줬다. 단테는 천국을 순례하면서 여러 성인과 가족, 친척들을 만났다. 어느덧 단테와 베아트리체는 단테가 바라던 하나님이 계시는 정화천에 올랐다.

그런데 갑자기 베아트리체의 모습이 보이지 않았고, 그녀 대신에 한 노인이 단테를 바라보고 있었다. 노인의 손짓에 하늘을 바라보자 하나님의 빛에 둘러싸인 베아트리체가 있었다. 그녀의 권능과 신비에 단테는 압도되었고, 그녀는 밝고 환한 사랑의 미소

하나님의 빛_ 성 베르나르의 안내로 단테는 하나님의 영광을 체험한다. **귀스타브 도레의 작품**

를 보내왔다. 그리고 조용히 영원한 빛 속으로 사라졌다.

노인은 성(聖) 베르나르였다. 그는 베아트리체를 대신하여 성모 마리아에게 단테가 하나님을 볼 수 있도록 해달라고 청하였다. 단테의 소망은 하나님을 완전하게 인식하는 것이었다. 그때 성 베르나르가 높이 쳐다보라고 말한다. 단테가 시선을 들자 하나님의 빛이 가득했고, 자신이 하나님의 빛 속에 들어와 있음을 깨닫는다. 마침내 단테는 하나님의 사랑에 눈을 뜨게 된다. 그는 천국의 마지막 하늘까지 경험한 후 다시 현실로 돌아왔다.

"지존하신 환상 앞에 나는 힘을 잃었다. 그러나 이미 나의 열망과 의지는 같은 방향으로 움직이는 바퀴와 같이 해와 별들을 움직이시는 사랑이 돌리고 있었다."

오, 고귀한 희망의 여인이여! 당신의 도움으로 인해 내 소망은 이제 굳건하게 이루어졌소. 내가 지옥과 연옥을 거쳐 이곳 천국에 이르기까지 모든 것을 볼 수 있었던 것은 오직 나를 향한 당신의 사랑 때문이었소. 당신은 온 힘과 정성을 기울여 나를 속박에서 자유의 몸으로 이끌어 주었소. 베아트리체, 당신의 큰 사랑을 내 안에 심어 당신이 치료해 준 내 영혼이 육체의 옷을 벗게 되는 날, 당신에게 기쁨이 되게 해주시오.

–〈천국편〉 중에서, 베아트리체를 칭송하는 단테

단테와 베아트리체_ 단테는 베아트리체에 의해 천국을 안내받는다. **아리 셰프의 작품.**

2. 근대 소설의 선구자

조반니 보카치오

(Giovanni Boccaccio)

"썩은 마음을 가진 사람은
결코 건강한 사람의 말을 이해하지 못한다."

이탈리아 문학의 3대 거장으로 손꼽히는 보카치오가 한 말이다. 그는 단테, 페트라르카(Francesco Petrarca)와 함께 중세와 근대 사이를 잇는 시점인 르네상스 시대에 활동하면서 인문주의의 토대를 마련했다. 특히 보카치오는 중세 신(神) 중심의 문학 양식에서 벗어나 현실을 살아가는 인간 중심의 이야기를 다루었다.

이탈리아 피렌체에서 부유한 상인 집안의 사생아로 태어난 보카치오는 고향을 떠나 나폴리에서 유년기를 보냈다. 당시 세계적인 항구도시였던 나폴리는 매우 활기찬 도시였고, 보카치오는 나폴리에서 보내는 하루하루가 무척 즐거웠다. 그는 은행가였던 아버지의 일을 물려받고자 나폴리의 바르디 은행에서 금융과 교역을 배웠다. 그리고 자연스럽게 현실 세계를 경험하였다. 그러면서 세상은 어떻게 돌아가는지, 그리고 사람들은 무엇을 생각하며 살아가는지를 관찰했다.

"무엇을 한 후에 후회하는 편이,
하지 않고 후회하는 것보다 훨씬 낫다."
-조반니 보카치오

이후 보카치오는 나폴리 대학에서 법학을 공부했는데, 법률보다는 라틴 고전 문학의 연구에 전념했다. 그러던 중 페트라르카의 문학과 사상을 접하면서 그를 문학적 스승으로 삼았고, 본격적으로 인문주의자로서의 길을 다져나갔다. 보카치오는 단테의 작품들과 인문학에 더욱 관심을 가졌고, 교회법도 공부했다.

그러던 와중에 바르디 은행이 파산하고 말았다. 직장을 잃은 보카치오는 다시 피렌체로 되돌아갔다. 그 무렵 피렌체에는 '페스트(Peste, 흑사병)'라는 전염병이 돌고 있었다. 중세 유럽에서 페스트는 무서운 질병이었다. 많은 사람이 페스트로 죽어갔으며, 보카치오도 아버지와 어머니, 수많은 친구를 잃었다. 그는 페스트에 대한 공포를 이겨내고자 소설을 쓰기 시작했다. 이때 완성한 소설들을 묶은 작품이 바로 《데카메론(Decameron)》이다.

조반니 보카치오_ 《데카메론》의 한 장면을 그린 그림으로, 왼쪽 끝이 보카치오의 모습이다. **타데오 크리벨리의 작품.**

《데카메론》에는 페스트를 피해 피렌체 교외의 외딴 별장을 찾은 열 명의 젊은 남녀가 열흘 동안 지내면서 하루에 열 편씩 재미있는 이야기를 주고받는 내용이 담겨 있다. 그중에는 가난한 청년과 귀족 부인의 애틋한 사랑 이야기, 바람둥이 이야기 등처럼 인간의 거침없는 욕망과 사랑 같은 세속적인 이야기를 솔직하게 풀어냈다.

"인간의 지혜란, 쾌락의 원천이다."
–조반니 보카치오

그런 탓에 《데카메론》은 당대 문인들에게는 냉대받았지만, 일반 민중으로부터 큰 인기를 얻으며 널리 구전되었다. 또한, 《데카메론》은 현실의 모습을 사실적인 일상어로 묘사하면서 소설의 형식을 바꿔놓았다. 즉 근대 소설의 장(場)을 마련하여 후대의 수많은 고전이 탄생하는 데 깊은 영향을 주었다.

피아메타_ 나폴리 왕족의 딸인 피아메타는 보카치오의 연인으로, 그의 작품 속에 자주 등장한다. **단테 가브리엘 로제티의 작품.**

중세에서 근대로 나아가는 소설

《데카메론 (Decameron)》

보카치오의 걸작 《데카메론》은 중세 문학의 전통에서 벗어나 인간의 본모습과 현실 세계를 있는 그대로 드러냈다는 점에서 위대한 고전으로 꼽힌다. 이 작품은 보카치오의 창작이 아니다. 그는 통속적인 이탈리아의 이야기, 프랑스의 파블리오, 동양의 민담 등을 모아서 《천일야화》와 비슷한 형태로 구성하였다.

《데카메론》의 주인공들_ 페스트를 피해 외딴 별장을 찾은 일곱 명의 숙녀와 세 명의 신사가 열흘간 머물면서 이야기를 나누는 장면이다. **존 윌리엄 워터하우스의 작품.**

닷새 날, 여섯 번째 이야기

〈나스타조 델리 오네스티〉

로마냐의 옛 수도 라벤나에 나스타조 델리 오네스티가 살았다. 그는 자신보다 신분이 높은 귀족인 파올러 트라베르사리의 딸을 연모하게 되었다. 그녀의 사랑을 얻고자 온갖 방법을 써봤지만, 콧대가 높은 그녀는 냉담하기만 했다. 결국, 절망에 빠진 나스타조 델리 오네스티는 그를 걱정하는 친구들과 함께 라벤나를 떠났다.

"사랑의 여신은 가난한 자의 집이나,
부자의 집이나 가리지 않고 방문한다."
–조반니 보카치오

라벤나 근처 앗시라는 곳에 도착한 나스타조 델리 오네스티는 이곳에 머물기로 하고, 함께 온 친구들을 보냈다. 실연의 아픔이 컸던 그는 생각에 잠겨 길을 걷다가 어느 숲속까지 오게 되었다. 이미 열한 시를 넘은 늦은 밤, 그때 어디선가 여자의 날카로운 비명이 들려왔다. 그리고 갑자기 한 아름다운 여자가 벌거벗은 채 자신에게 달려왔다. 전신에 상처가 난 그녀는 '용서해달라'고 울부짖으며 도망가는 중이었다.

그녀의 뒤에는 크고 사나운 개 두 마리와 검은 갑옷을 입은 남자가 검을 휘두르며 쫓아오고 있었다. 그 남자는 그녀를 잡아 죽이겠다면 욕설을 퍼부었다. 마침내 여자는 개들에게 물어뜯기기 시작했고, 남자는 그녀의 등을 검으로 관통시켜 심장을 꺼내고는 개들에게 먹이로 던져주었다. 이 모습을 본 나스타조는 너무 놀라 그녀를 구하려고 했다. 그는 굵은 나뭇가지를 하나 주워들고는 개들과 기사에 대항하였다.

그러자 남자는 자신은 사람이 아닌 지옥의 유령이며, 여자는 생전에 자신의 사랑을 무시하고 경멸한 죄로, 죽어서 형벌로 자신에게 쫓기며 심장을 뜯어 먹히기를 반복하게 되었다고 말했다. 그리고 여자는 심장이 다 먹히고 나자 모든 것이 되살아나서, 다시 쫓고 뜯어 먹히기를 반복하는 것이었다

겁에 질린 나스타조는 한참을 그 자리에 서 있다가 한 가지 생각을 떠올렸다. 그는 자신이 짝사랑하던 여인과 그 가문의 사람들을 초대하고, 그 숲 근처에서 저녁 식사를 하도록 했다. 그리고 마침내 그들도 벌거벗은 여자와 남자의 유령을 목격했다.

"진정한 사랑은 그 어떤 난관에 부딪히더라도 결코 좌절되지 않고,
더욱 아름다운 것으로 승화된다."
-조반니 보카치오

놀란 사람들은 혼비백산하였고, 나스타조가 그토록 구애하던 여인은 공포에 질려 그에게 결혼하자고 말한다. 그렇게 하여 나스타조는 콧대 높은 처녀와 결혼하여 행복한 나날을 보냈다.

나스타조 델리 오네스티의 이야기_《데카메론》에 나오는 두 남녀의 이야기를 토대로, 산드로 보티첼리가 그린 네 개의 연작이다. 이 작품은 오히려 보카치오의 소설보다 더 유명해진 그림이다.

첫 번째 이야기_ 백마를 탄 남자에게 쫓기면서 개에 물린 여자의 모습이다.

두 번째 이야기_ 쓰러진 여자의 등을 검으로 관통해 심장을 꺼내는 장면이다.

세 번째 이야기_ 숲속의 연회장에서 다시 개에게 물리는 여자의 모습이다.

네 번째 이야기_ 나스타조와 그가 사랑하던 여자의 결혼식 장면이다.

내면적인 자유가 없는 외부적 자유란 무가치한 것이다. 비록 내가 외부적 폭압에 의한 굴레에서 벗어났다 할지라도, 자신의 마음에 있는 무지, 죄악, 이기주의, 공포 등을 지배할 수 없다면, 그것이 무슨 소용이 있으랴? 자신의 마음속에 교만, 분노, 태만, 이기주의에 사로잡힘 없이 인류의 행복을 위해 자기 자신을 희생할 용기가 있는 사람만을 진정한 자유인이라 할 수 있는 것이다.

-《데카메론》 중에서, 조반니 보카치오

우리는 지위가 낮은 사람은 지혜롭지 못할 거라고 생각하는 경향이 있어요. 하지만 제 생각에는 전혀 그렇지 않아요. 하나님이 지혜라는 선물을 지위가 높은 사람에게만 주실 리 없잖아요. 저는 사회적 지위가 낮은 사람이 어려운 상황에 영리하게 대처한 이야기를 해드리려고 해요. 또 한 가지가 있어요. 우리는 대개 사람들의 잘못을 들춰내는 게 옳은 일이라고 생각하지요. 그래야 똑같은 잘못을 다시는 저지르지 않을 테니까요. 옳아요. 하지만 저는 그냥 덮어두는 게 더 좋은 경우도 많다고 생각해요.

-《데카메론》 중에서

3. 르네상스 최고의 인문주의자

에라스무스

(Desiderius Erasmus)

"행복의 가장 중요한 요건은
기꺼이 본래의 자기대로 사는 것이다."

16세기 네덜란드 출신의 인문주의자로, '최고 영광의 기독교 인문주의자'라고도 불린 에라스무스가 한 말이다. 르네상스의 가장 위대한 학자 중 한 명으로 손꼽히는 에라스무스는 그리스어와 라틴어로〈신약 성서〉를 최초로 편집했으며, 교부학과 고전 문학에서도 큰 업적을 이루어 당대의 지식인으로 명성을 떨쳤다. 특히 그는 형식에 치우친 과거의 교육 방식이 아닌 인간성을 중요하게 여기는 고전 문학을 강조하였다.

에라스무스는 가톨릭교회의 세속화와 부패를 비판하여 가톨릭의 반종교개혁뿐 아니라 이후 종교개혁에 사상적 기반을 제공했다. 그러나 종교개혁의 지나치게 폭력적이거나 급진적인 모습은 비판하였다. 그는 가톨릭의 수장인 교황의 권력을 인정하지 않았으며, 반대로 종교개혁 운동에 앞장선 마르틴 루터의 95개조 반박문도 받아들이지 않았다. 에라스무스는 '초기 기독교(Early Christianity)의 순수함으로 돌아가야 한다'라고 주장했으며, 그가 추구한 것은 신앙의 정통성보다는 신앙 안에서의 자유였다.

이런 에라스무스의 사상은 그의 대표작인 《우신예찬(愚神禮讚)》에 고스란히 담겨 있다. 《우신예찬》은 풍자의 형식을 통해서 당시 맹목적인 사람들의 풍속을 비판함으로써 악습과 폐단을 교화(敎化)하고자 한 에라스무스의 걸작이다. 또한, 《우신예찬》은 토머스 모어(Thomas More)에게도 큰 영향을 주었다. 토머스 모어는 자신의 저서 《유토피아》를 통해서 사회 개혁을 주장했는데, 여기서 뜻하는 개혁은 바로 가톨릭 정신인 것이다.

"유리함에 보관된 사도 바울의 유골을 숭배하면서도
그의 서신들에 담긴, 그의 정신의 찬란함은 느끼지 못하는 게
얼마나 어리석은 짓인가!"
–에라스무스

에라스무스는 1466년 네덜란드 로테르담에서 성직자 아버지와 의사의 딸인 어머니 사이에서 태어난 사생아였다. 그는 아홉 살 때 라틴어 학교에 입학했는데, 어린 시절부터 라틴어 시를 지을 만큼 높은 학문적 재능을 보였다. 이후 흑사병으로 부모님을 잃은 그는 후견인에 의해 공동생활 형제회가 운영하는 학교에 맡겨졌다. 이곳에서 에라스무스는 수도원의 엄격한 규율과 혹독한 생활을 겪었고, 이는 훗날 가톨릭교회에 대한 그의 비판적인 사상에 영향을 주었다.

에라스무스는 스물한 살이 되던 해에 아우구스티누스 수도원에서 사제가 되었지만, 이내 수도원 생활에 회의를 느껴 그곳을

떠났다. 이후 1493년, 베르겐 주교의 비서가 된 그는, 베르겐 주교의 도움으로 파리로 건너가 인문학을 공부하면서 당시의 지식인들과 교류하였다. 1499년, 영국을 방문한 에라스무스는 그곳에서 토머스 모어, 존 콜렛(John Colet) 등의 인문주의자들과 교류했다. 이를 계기로 그는 인문주의와 가톨릭의 융합에 관심을 가졌고, 성서의 잘못된 이해를 바로잡고자 〈신약 성서〉를 그리스어로 번역하면서 신학자로서의 명성을 높였다.

이후 1509년, 에라스무스는 《우신예찬》을 발표했다. 그는 우신(愚神) 즉 '어리석은 여신'을 등장시켜 교황과 성직자는 물론 군주, 학자들까지 가차 없이 비판하였다. 이 작품의 파급력은 엄청났는데, 결국 금서(禁書)로 지정되었다. 또한, 에라스무스와 마르틴 루터의 관계는 좋지 않았는데, 그것은 성서 해석에 따른 견해차였을 뿐 그가 마르틴 루터를 싫어한 것은 아니었다.

네덜란드 로테르담의 성로렌스 성당 앞에 세워진 에라스무스의 동상으로, 그는 로테르담을 대표하는 인물이다.

실례를 들자면 1524년, 에라스무스는 《자유 의지론》을 발표하며 '인간의 자유로운 선택과 구원의 과정'을 주장했는데, 이에 마르틴 루터는 《노예 의지론》을 발표하며 '구원은 인간의 자유 의지가 아닌 하나님의 뜻'이라고 응수하는 식이었다.

"진실 전부를 언제나 말해야 하는 것은 아니다.
오히려 그것을 어떻게 알리느냐에 많은 것이 달려 있다."
-에라스무스

에라스무스는 말년까지 교회의 일치를 위해 힘썼다. 1529년, 그는 개신교 도시인 바젤에 머물렀는데, 그곳에서 가톨릭 예배를 금지하자 가톨릭 도시인 프라이부르크임브라이스로 이주했다. 이곳의 의회에서는 가톨릭 신학자들과 마르틴 루터 신봉자 사이의 토론이 있었는데, 에라스무스는 참석하지 않았다. 그러나 1533년, 《교회일치회복론》을 발표하며 교리에 대한 차이는 조정될 수 있음을 암시했다.

이후 1535년, 《에클레시아스테스》가 출판되는 것을 보려고 바젤로 돌아온 에라스무스는, 그곳에서 머무르다가 1536년에 생을 마감했다. 그는 가톨릭교회의 마지막 병자 성사(病者聖事)를 하지 않았는데, 그가 마지막으로 남긴 말은 '사랑하는 하나님'이었다.

여신의 어리석음 예찬

《우신예찬(愚神禮讚)》

에라스무스의 걸작 《우신예찬》은 우신, 즉 어리석은 여신인 모리아를 통해서 스스로 똑똑한 줄 아는 '진짜 바보들'을 꾸짖는 내용을 담은 작품이다. 이 작품에는 성직자의 위선과 타락은 물론 철학자와 신학자의 공허한 논의, 그리고 당시의 가식적인 풍속 등을 다루는데, 스스로 '바보'라고 내세우는 여신의 외침을 통하여 세상의 부조리를 웃음으로 조롱하고 있다. 에라스무스는 이 작품에 그리스와 로마의 문학과 철학은 물론 성서에 이르기까지 다양한 출처에서 뽑은 인용과 우화를 사용하였다.

"어리석음, 착각, 기만, 무지에서 살아간다면
비참할 뿐이라고 철학자들이 항변하지만, 그렇지 않다. 그게 인간이다."
–《우신예찬》 중에서

우신이 여러분께 말합니다. 나는 복을 가져다주는 신으로, 로마인들은 나를 '스툴티티아(Stultitia)'로 불렀고, 그리스인들은 '모리아(Moria)'라고 불렀습니다. 내 아버지는 '부유'인데 이분이야말로 바로 인간들과 신들의 아버지입니다. 내가 태어난 곳은 '행복의 섬'입니다. 나는 태어나 울지 않고 해맑게 웃었습니다. 나를 바쿠스의 딸 '만취'와 판의 딸 '무지'가 젖 먹여 키웠습니다.

나를 수행하는 하인들의 이름은 '자아도취'와 '아부', '태만', '환락', '경솔', '음란 호색'이며, 머슴은 '광란 축제'와 '인사불성'이 있습니다. 나는 이들로 세상만사가 내 명령을 따르게 하고, 군주들도 내게 복종하게 합니다. 어리석음이야말로 행복의 근원입니다. 어떤 사회나 생명도 내가 없다면 지속할 수 없습니다. 어리석음이 국가들을 탄생시켰습니다. 어리석음을 통해 제국의 관리와 종교와 의회와 법원 등이 유지되어왔습니다. 그러니 인간 세상 모든 일은 전적으로 어리석음의 독무대라고 하겠습니다.

사람들은 저마다의 연극을 살아갑니다. 철학자들의 이야기를 들어 보십시오. 저들이 주장하는 완벽한 현자(賢者)는 짐승 같은 존재입니다. 삶은 고통으로 뒤범벅되어 있습니다. 인간이 또 다른 인간에게 저지른 악(惡)을 보십시오. 누가 세상을 보면 행복해 합니까? 현자들의 혀는 두 개입니다. 하나로는 진실을 이야기하고, 다른 하나는 편리한 것을 말합니다. 그들은 흰색을 '검다'하고, 찬 것을 '뜨겁다' 하며, 진심은 가슴속 깊이 숨겨 둔 채 거짓부렁을 지어내곤 합니다.

스툴리티아_ 우신의 라틴어 명칭으로, 아무것에도 만족하지 못하는 상태를 뜻한다. 이런 사람을 '스툴투스'라고 불렀는데, 이들은 외부로부터 들어오는 욕망, 정념 등에 사로잡혀 있다.

"지혜를 찾아 골몰하는 자들은 인간들 가운데 행복으로부터
가장 멀리 떨어진 사람들이다."
-《우신예찬》 중에서

또한, 성직에 있는 사기꾼들은 마법의 주문과 기도문을 달달 외우면 천상에서 예수님의 옆자리까지 갈 수 있다고 말합니다. 현세에서 쾌락을 누리다 천국에서도 쾌락을 누리고 싶어 하는 이들을 위해서 꾸민 것들입니다. 기독교인들은 하나같이 어리석은 행동들이 차고 넘치는 삶을 내내 살아가고 있으나, 성직자들은 이로부터 무언가 이문(利文)이 생긴다는 것을 잘 알고 있어서 이런 어리석음을 기꺼이 허락하며, 심지어 조장까지 합니다. 이처럼 자아도취에 빠진 이들은 언제나 행복하게 살아갑니다.

《우신예찬》의 모리아 여신

교회 설교자가 심각한 말씀을 전하면 사람들은 꾸벅거리고 하품하며 싫증 내지만, 그 흔한 꼬부랑 할망구의 옛날이야기가 시작되면 모두 눈을 번쩍 뜹니다. 이렇게 허상만큼 행복을 줄 수 있는 것은 없습니다. 교회 학자들이 가진 말재주는 냉정한 사람마저 격앙시키고, 지독한 혓바닥은 무던한 사람마저 격분케 합니다. 그들은 스스로 모습에 취하여 자신에게 격려의 박수를 보냅니다. 복음서나 바울 서신을 읽는 것은 고사하고 들출 여유조차

없습니다. 그런데도 스스로는 교회 전체를 자신들이 떠받치고 있다고 착각합니다.

추기경들과 교황의 이야기를 해볼까요? 이들이 사도들처럼 '도대체 재산이 무슨 소용이란 말인가'라고 말했다면, 추기경들은 그 자리를 기꺼이 버렸을 것입니다. 교황들은 모든 수단과 방법을 이용해 교황의 자리를 지키려 합니다. 돈으로 자리를 사고, 칼과 독약과 온갖 폭력으로 이를 보존하려 합니다. 그들 곁에는 교황들을 옹호하고 신학적으로 변호해줄 세상에서 가장 탁월한 신학자들이 항시 대기하고 있습니다. 게다가 사제들은 수익을 올리는 데 밤낮을 가리지 않습니다.

"마지막으로, 기독교적 신앙의 열정에 전적으로
스스로 헌신하는 사람들만큼 어리석은 사람들은 없습니다."

–《우신예찬》 중에서

이처럼 풍자와 독설로 당시 정치와 종교계를 신랄하게 비판한 《우신예찬》은 전 유럽을 발칵 뒤집어놓았으며, 수많은 사람에게 읽혀져, 이미 당대에 세계적인 문학의 반열에 올랐다. 비록 에라스무스는 '불경스러운 이교도'로 낙인찍혔지만, 그의 걸작 《우신예찬》은 서양 문학사에 지대한 영향을 주었다.

요즈음의 교황은 가장 어려운 일들은 베드로와 바울에게 맡기고, 호화로운 의식과 즐거운 일만 찾는다. 교황은 바로 나 우신(愚神) 덕분에 누구보다도 우아한 생활을 하고 있다. 왜냐하면, 연극이나 다름없는 화려한 교회 의식을 통해 축복이나 저주의 말을 하고 감시의 눈만 번쩍이며, 그것으로 충분히 그리스도에게 충성했다고 생각하기 때문이다. 기적을 행한다는 것은 이미 시대에 뒤떨어진 낡아빠진 관습이다. 민중을 교화하는 것은 피곤한 일이다. 성서를 설명하는 것은 학교에서나 할 일이다.

–《우신예찬》 중에서

4. 이상적 정치이념을 주장한 사상가

토머스 모어
(Thomas More)

"이상향은 한낱 헛된 꿈이 아니라
우리가 노력하면 만들 수 있다."

16세기 영국의 작가이자 정치가인 토머스 모어가 한 말로, 그는 이상 세계를 통해 사회의 변혁을 역설했다. 토머스 모어는 인간의 선한 본성을 지지할 수 있는 바람직한 사회제도가 잘 정립된다면, 현실에서도 이상적인 사회, 즉 인간이 생각할 수 있는 최선의 상태를 갖춘 완전한 사회를 만들 수 있다고 믿었다.

토머스 모어는 이상적 국가상을 담은 걸작 《유토피아(Utopia)》를 쓴 사상가이자 법률가, 저술가로 여러 방면에 능통한 인물이었다. 또한, 가톨릭에서는 성인(聖人)으로 추앙받을 정도로 신앙심이 깊었다. 그는 가톨릭의 가르침에 어긋나는 일에는 끝까지 신념을 굽히지 않았다.

1478년, 영국에서 태어난 그는 옥스퍼드 대학에서 그리스어와 라틴어, 신학 등을 배웠으며, 링컨 법학원에서 법률을 공부해 졸업 후 법률가가 되었다. 그는 법률가로서의 직업에 충실하면서도 문학, 철학, 신학, 예술 분야에 관심을 기울였다.

1504년, 토머스 모어는 하원 의원에 선출되면서 공직 생활을 시작했지만, 당시 국왕인 헨리 7세의 특별세 부과에 반대하다가 공직을 박탈당한다. 그러나 헨리 8세 즉위 후 왕의 자문위원, 외교사절단, 대법관 등 다시 공직을 맡아 능력을 발휘했다. 특히 그는 정치뿐만 아니라 종교적으로도 헨리 8세의 조언자로 활동하며 탄탄대로를 걸었다.

"저는 가톨릭교회의 믿음 속에서,
가톨릭교회의 믿음을 위하여 죽습니다.
국왕 폐하의 신실한 종복임을 자처하지만,
그 이전에 순명(順命)하는 주님의 종인 까닭입니다."
-토머스 모어

이후 헨리 8세가 이혼 문제로 로마 교황청과 대립하는 사건이 벌어진다. 로마 교황의 권위를 부인할 수 없었던 토머스 모어는 반역죄로 사형 선고를 받고, 1535년 생을 마감한다. 그는 자신의 신념을 위해서는 목숨도 아깝지 않았으며, 타협을 거부하고 죽음을 택했다. 또한, 가난한 사람을 돕는 공평무사(公平無私)한 관리로 명성이 높았던 토머스 모어는, 자신이 높은 자리에 있으면서도 서민들의 마음을 헤아리는 따뜻한 사람이었다.

토머스 모어의 초상_ 이상적 정치이념을 주장한 16세기 영국의 사상가로, 가톨릭에서는 성인으로 추앙받는다. **한스 홀바인의 작품.**

이러한 토머스 모어의 사상은 그가 쓴 《유토피아》에 담겨 있다. '어디에도 없는 아름답고 평화로운 나라', 즉 이상적인 국가를 뜻하는 '유토피아(Utopia)'는 정의와 양심을 지키려는 고뇌에 찬 토머스 모어의 결과물이었다. 토머스 모어의 친구였던 에라스무스는 이렇게 말했다.

> "토머스 모어는 눈보다도 순결한 영혼을 가진 사람이었다. 영국은 과거에도, 이후로도 그와 같은 천재성을 다시 발견할 수 없을 것이다."
>
> -《우신예찬》 중에서

처형장 속의 토머스 모어_ 교수대로 향하는 토머스 모어와 그의 딸이 아버지에게 안기는 장면이다. **윌리엄 프레더릭 예임즈의 작품.**

이상적인 국가를 그린 소설

《유토피아(Utopia)》

16세기의 영국은 나라 안팎으로 혼란스러웠다. 외국과의 무역 문제로 갈등이 불거지는가 하면, 종교문제로 국왕과 교황이 맞서던 혼란한 시기였다. 토머스 모어는 영국과 플랑드르(지금의 네덜란드)와의 관세 문제를 해결하기 위해서 외교 사절단으로 가게 되었다. 플랑드르에 머무는 동안에도 그는 영국이 처한 현실이 안타까웠다. 이때 구상한 작품이 바로《유토피아》다.《유토피아》는 토머스 모어가 생각하는 이상적인 나라의 모습을 이야기 형식으로 풀어냈다.

"인간은 본래 오늘보다 나은 내일,
내일보다 나은 미래를 꿈꾼다."
-《유토피아》 중에서

《유토피아》에는 실제 인물인 토머스 모어와 자일스, 그리고 가상의 여행가 라파엘 히스로디가 등장한다. 1권과 2권으로 나누어져 있는데, 1권 〈유토피아와 유럽〉은 당시 유럽의 논쟁거리에 관한 토머스 모어와 히스로디 간의 대화이며, 2권 〈유토피아 섬〉은 히스로디에게 유토피아 섬 이야기를 들은 토머스 모어가 그곳의 제도와 풍속 등을 기록하는 형식으로 펼쳐진다.

당시의 유럽은 봉건제도가 무너지고, 각국의 왕들은 왕권 강화에 힘썼다. 왕들은 국민을 행복하게 통치하기보다는 새로운 영토 확장을 위한 전쟁에 힘썼으며, 왕에게 대항하는 사람들은 모두 추방하던 시기였다. 그 무렵 농촌 사회도 붕괴하기 시작했다. 특히 영국은 모직 산업이 발달하여 양모(羊毛)가 부족해지자 양을 기르기 위해 농경지를 목장으로 바꾸는 일까지 벌어지기 시작했다. 그러자 농경지에서 쫓겨난 소작농들은 더욱 가난해졌고, 급기야 이런 말들이 떠돌기 시작했다.

유토피아의 지도_ 소설 《유토피아》에 나오는 이상적인 나라이다. 초승달 모양의 섬으로, 폭은 2백 마일, 길이는 2백 마일로 묘사되었다.

"양은 온순한 동물이지만,
영국에서는 인간을 잡아먹는다."
-《유토피아》 중에서, 〈유토피아와 유럽〉

토머스 모어와 히스로디의 대화가 이어진다. 유토피아 섬은 10만 명의 주민이 살고 있는데, 54개의 도시로 이루어졌으며, 서로 유사한 법률과 관습, 제도를 갖추고 있다. 주민 중에 선출된 시포그란트(Syphogrant)라는 대표들이 왕을 뽑는데, 아무리 왕이라고 해도 권력을 마음대로 휘두를 수는 없었다.

게다가 유토피아 섬에는 화폐제도가 없으며, 주민들은 필요한 물건이 있으면 시장에 가서 필요한 만큼 가져다 쓰면 된다. 대신 시장에 농산물을 공급하기 위해서 누구나 의무적으로 2년 동안 농사를 지어야 한다. 그리고 전쟁은 자기방어를 위해서만 수행되며, 전쟁포로와 범죄자는 노예가 된다. 게다가 종교의 선택에 대해서도 제한이 없다.

또한, 유토피아의 주민은 하루 스물네 시간을 오전과 오후로 구분해서 오직 여섯 시간만 일하고, 일이 끝나면 여가를 즐길 수 있다. 즉 사유재산 제도가 없어도 아무도 가난하지 않으며, 모두가 평화로운 생활을 할 수 있다.

"돈이 권력을 크게 흔들 수 있는 곳에서는
국가의 올바른 정치나 번영을 바랄 수 없다."
–《유토피아》 중에서, 〈유토피아 섬〉

15~16세기 왕권이 강화되던 시절, 토머스 모어는 이윤추구의 논리로 인해 소수의 부자가 등장하고, 다수의 가난한 사람들이 고통당하던 현실을 날카롭게 분석하고 《유토피아》를 집필했다. 그는 이미 500년 전에 더 나은 미래사회에 대해 고민하고, 대안을 제시한 것이다.

오늘날에도 토머스 모어의 생애와 그의 작품 《유토피아》가 걸작으로 평가받는 이유는 그가 꿈꾼 유토피아, 즉 인간의 존엄성과 자유와 평화를 바라는 것은, 오늘날의 많은 사람도 여전히 꿈꾸고 바라는 이상 국가이기 때문이다.

유토피아의 주민들_ 평화로운 유토피아의 모습으로, 결혼할 주민은 중매인이 있는 상황에서 서로 알몸을 보이는 관습이 있다. **루카스 크라나흐의 작품.**

지금 당장은 유토피아라는 섬나라에 대해 아는 사람들이 극소수일 테지만, 아마 앞으로는 모든 사람이 알고 싶어 할 것입니다. 그 나라는 플라톤의《국가》에 나오는 이상향과 닮은 곳이고, 아마 그보다 더 훌륭한 나라일지도 모르니까요.

-《유토피아》 중에서

사유재산 제도가 전적으로 폐지되지 않는 한, 재화가 정의롭거나 균등하게 분배될 수 없고, 인간사의 어떠한 행복도 찾을 수 없다는 것을 나는 분명 확신합니다. 사유재산 제도가 남아있는 한, 인류 가운데 수적으로도 다수를 차지하며 매우 탁월했던 사람들이 가난과 걱정이라는 무겁고 피할 수 없는 짐에 압도당할 것입니다.

-《유토피아》 중에서, 라파엘 히스로디

모든 것을 공유하는 곳에서 인간의 삶이 좋아지리라 생각하지 않습니다. 얻을 수 있다는 희망이 인간을 자극하지 않는다면, 그는 다른 사람에게 의지하려 하고 나태해지지 않겠습니까? 인간이 일하는 이유는 필요 때문이긴 합니다만, 자신이 얻은 것을 법적으로 지킬 수 없다면 연속적인 살인과 난동 외에 무엇이 일어날 수 있겠습니까?

-《유토피아》 중에서, 토머스 모어

6. 영문학의 아버지

제프리 초서
(Geoffrey Chaucer)

"금뿐만 아니라 나무로 만든 그릇도 쓸모가 있는 법이다."

14세기 영국의 작가이자 시인, 외교관인 제프리 초서가 한 말이다. 초서는 근대 영시의 창시자이자 '영문학의 아버지'로 불린다. 그는 프랑스 시의 작시법을 영어에 적용하여 영어를 세련된 '문학어'로 만들었다. 그는 런던 지방 방언으로 작품을 쓰기 시작했는데, 각지의 방언이 난립하던 중세 후기에 영어의 기초를 세우면서 영문학의 초석(礎石)을 놓았다. 이처럼 초서의 노력으로 영문학은 유럽 문학과 밀접한 관계를 갖게 되었다.

초서가 활동했던 당시 영국은 봉건제를 거치면서 정치, 경제의 변혁으로 사회적인 신분체계에서도 점차 변화가 오기 시작했다. 이른바 '젠트리(Gentry)'라 불리는 신흥 중간계층이 성장했다. 이 시기는 구질서에서 신질서로의 변화기였고, 그 어느 때보다도 사회가 혼란스러운 시기였다. 동시에 민족의식이 태동하는 시기였기에, 앞선 초서의 말처럼 '어떤 그릇'도 필요한 시기였다.

초서는 1343년경, 런던에서 부유한 포도주 상인의 아들로 태어났다. 그의 아버지와 조부는 몇 세대를 런던에서 포도주 상을 했었고, 가족들은 입스위치의 상인들이었다. 그러나 초서의 아버지는 초서가 가업인 양조업보다는 상류계층에서 보내는 유년기를 더 바랐었다. 결국, 초서는 10대 후반의 나이에 명망 높은 귀족 가문의 급사로 보내졌고, 그곳에서 예절과 접대방식을 배움은 물론, 약간의 실무직도 겸했다.

"참된 귀족은 높은 지위를 가진 사람이 아니라
덕과 지혜를 겸비한 채 늘 귀족답게 행동하는 사람이다."
-제프리 초서

1359년, 영국과 프랑스의 백년 전쟁(1337~1452년)에 영국의 에드워드 3세가 프랑스를 침공했다. 이에 초서는 엘리자베스 여왕의 남편인 라이오닐 앤트워프와 함께 영국군의 일원으로 참전했다. 그러나 초서는 1360년에 랭스의 포위 공격으로 프랑스군에게 붙잡혀서 전쟁포로가 되고 만다.

하지만 에드워드 3세는 그의 몸값으로 16파운드를 주었고, 초서는 풀려났다. 이 일화로 당시 그의 입지가 얼마나 왕실 내부에서 중요했는지 알 수 있다.

제프리 초서의 초상

초서는 영국을 휩쓴 두 번에 걸친 흑사병의 재앙에서도 무사히 살아남았다. 이 시기 그는 흑사병으로 죽은 그의 후원자 존 오브 곤트 공작의 부인을 애도하기 위하여 《공작부인의 책》이라는 작품을 썼다.

또한, 초서는 리처드 2세의 폐위에서도 처세술과 인맥으로 살아남았다. 1381년, 와트 타일러의 난이 일어났다. 이는 흑사병으로 인구가 급감하여 폭증한 세금부담과 인두세 부과가 원인이었다. 이 난에서 초서는 반란군에게 죽어도 전혀 이상하지 않았다. 하지만 그는 털끝 하나 다치지 않고 살아남았다.

"제발 고위층도 영어 좀 쓰자. 그리고 의회에서도 영어를 쓰자."
–에드워드 3세의 칙령

에드워드 3세는 영어를 쓰도록 권장하는 칙령을 반포하였는데 그 칙령부터도 노르만어로 쓰여 있었다. 그만큼 당시 영국에서는 영어를 천시하고 있었다. 당시 플랜태저넷 지배 시기 영국은 총 3가지 언어가 통용되는 나라였다. 왕실 언어인 노르만어와 학술 언어인 라틴어, 그리고 하층 언어인 중세 영어였다.

노르만의 지배 이후 플랜태저넷 지배 시기를 거쳐 변형 프랑스어였던 노르만어가 영국의 공식어가 되어 거의 300년간 궁정은 물론 공식문서에서 노르만어가 사용되었다. 따라서 천한 하인계층이나 사용하는 중세 영어로 수려한 문학을 쓰기란 불가능에 가까웠다.

초서는 그의 실무적, 외교적 능력뿐 아니라 학자로서의 소양에도 충실했다. 그는 유년기에 다양한 언어를 접하며 살아왔고, 이탈리아나 프랑스로 자주 여행한 것은 언어적 능력을 기반으로 해당 국가의 선진적인 문학을 접하는 기회가 되었다. 초기 그의 문학적인 관념은 당시 영국의 하층 계급 언어였던 영어가 아닌, 궁정에서 통용되는 프랑스 문학에 치우쳤다.

"먼저 행한 뒤에 가르치도록 하라. 금조차 녹이 슨다면, 철은 어떻겠는가?"
-제프리 초서

또한, 초서는 이탈리아를 여행하며 그곳에서 조반니 보카치오를 만났으며, 그와 단테에게 영향을 받아 《영예의 집》, 《선녀 열전》 등을 썼다. 이후 영국에 돌아온 그는 자신의 마지막 작품이 될 최대 걸작 《캔터베리 이야기》를 집필한다. 이 작품은 프랑스어나 라틴어가 아닌 자국어인 영어로 썼다. 《캔터베리 이야기》는 최초의 영어로 된 문학 작품으로, 초서는 '위대한 영문학인'으로 칭송받는다.

《캔터베리 이야기》에 등장하는 초서

《켄터베리 이야기(The Canterbury Tales)》 중에서

〈엘리슨 이야기〉

《캔터베리 이야기》는 중세 설화 문학의 모든 장르가 집약된 작품으로, 종교, 가치관, 풍속, 사회제도, 문화 등 당대 영국의 사회상을 통찰력 있게 조망한 작품이다. 초서는 무엇보다 해학적인 필치로 인간과 인생에 내포된 희비극과 인간의 심리를 묘사하는 데 탁월했다. 그는 《캔터베리 이야기》를 계기로 문학은 그때까지 일상생활에서 동떨어진 지식인의 언어로 쓰이던 데서 탈피해 일상 언어로 일상생활을 묘사하는 방향으로 나아가게 된다.

"맞는 분수끼리 결혼해야 한다."
-《캔터베리 이야기》 중에서

옛날 옥스퍼드에 하숙집을 운영하는 늙은 목수 존이 살았다. 질투심이 심한 그는 젊고 아름다운 부인이 바람을 피울까 봐 늘 걱정이었다. 그런데 그 집의 하숙생인 니콜라스는 목수가 없는 틈을 타 엘리슨을 희롱했다. 엘리슨은 처음엔 강하게 저항했지만 이내 그와의 관계를 허락했다.

어느 토요일, 목수가 출타하자 니콜라스와 엘리슨은 목수를 속여 하룻밤을 같이 지낼 계책을 꾸민다. 니콜라스는 하루 이틀 정

도 버틸 만큼의 식량과 물을 준비하고, 방에 틀어박혀 나오지 않았다. 걱정이 든 목수가 문구멍으로 니콜라스를 확인했고, 그는 니콜라스가 미쳤다고 생각하고는 문을 따고 들어간다.

목수와 아내 앨리슨_오늘날 목공소와 별반 다를 것이 없는 모습을 보여주고 있다.

니콜라스는 자신이 점성술로 미래를 예견했다며, 다음 월요일 밤 9시쯤에 큰 홍수가 일어날 거라고 말을 한다. 그 말을 믿은 목수가 엘리슨 걱정을 하며 탄식하자, 니콜라스는 그에게 방도를 제안한다. 그 방도는 목수 자신과 아내, 그리고 니콜라스가 들어갈 만큼 큰 술통을 3개 준비해서 지붕 위에 매달아야 한다는 것이다.

"홍수가 지나가면 당신은 암거위를 졸졸 쫓아다니는 흰 수거위처럼 기쁜 마음으로 노를 젓게 될 것입니다."
-《켄터베리 이야기》 중에서, 니콜라스

또한, 주님의 계명에 따라 통 안에선 아무 말도 하지 않고 기도해야 한다고 덧붙였다. 월요일 밤이 되자, 세 사람은 통속으로 들어가 주님의 기도를 외운다. 목수가 중간에 잠이 들자, 니콜라스와 엘리슨은 조용히 내려와 목수의 침대에서 쾌락을 즐긴다.

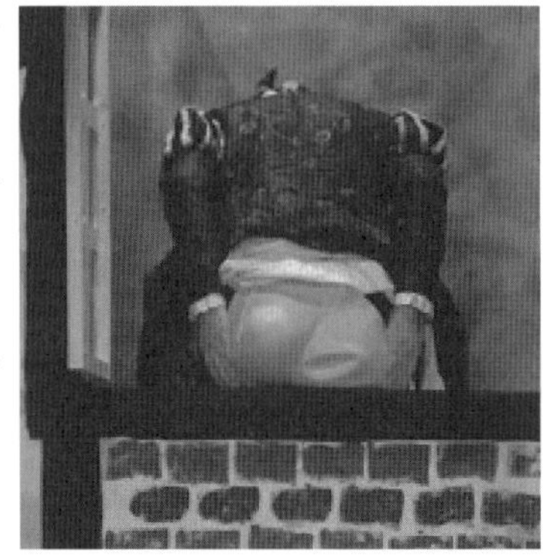
압살롬의 복수_ 켄터베리의 제프리 초서 기념관에 있는 미니어처 모습이다

한편, 엘리슨을 짝사랑하는 압살론은 기타를 들고 목수의 집 근처에서 기타를 치며 노래를 부르며 구애를 했다. 압살론은 엘리슨에게 입맞춤을 해달라고 애원한다. 그녀는 이를 수락한 뒤, 창문으로 엉덩이를 내민다. 밤이 어두워서 압살론은 아무것도 모른 채 거기에 입을 맞추지만, 이내 이상한 느낌으로 자신이 무슨 짓을 했는지 알아차린다.

창피하고 분했던 압살론은 복수하기로 다짐한다. 그는 대장장이 친구에게 화덕 속의 보습날을 빌렸다. 다시 목수의 집에 간 압살론은 한 번 더 입맞춤을 해준다면 금반지를 주겠다고말한다. 이 말에 이번엔 니콜라스가 창문 사이로 엉덩이를 내밀자 압살론은 뜨거운 보습날로 엉덩이를 찌르고 만다.

"사랑하는 여인이여, 나의 기도를 들어주오.
나에게 관심이 있다면 나를 불쌍히 여겨주오."
–《켄터베리 이야기》 중에서, 압살롬

니콜라스는 뜨겁고 아파서 미친 듯이 '물'을 외치는데, 잠이 깬 목수는 홍수가 났다고 생각해 도끼로 매어놓은 줄을 자른다. 그

대로 통이 바닥에 떨어져 목수의 팔이 부러졌고 정신을 잃고 만다. 니콜라스와 엘리슨은 살인사건이라며 거리로 뛰어나갔고, 이웃들은 이 소란에 모두 몰려나온다. 니콜라스와 엘리슨은 목수가 미쳐서 이런 일을 벌였다고 해명하고, 목수는 둘이 입을 막는 통에 제대로 항변하지 못한 채 이웃들에게 미치광이 취급을 받는다.

4월의 감미로운 빗줄기가 3월의 건조함을 속속들이 꿰뚫고, 모든 줄기가 그 생명력의 물기에 흥건히 적시어지고, 그리하여 꽃들이 피어나고, 서쪽에서 불어오는 봄바람(西風)은 그의 달콤한 입김으로 들녘과 작은 숲의 연한 가지들에 생명력을 불어넣어 준다

아직 이른 태양은 숫양궁(宮)의 반 여정을 지났을 뿐이며, 자연이 그들의 가슴에 춘심(春心)을 자극하여 뜬 눈으로 온 밤을 지새운 작은 새들은 애욕스런 노래소리를 쉴새없이 지저귄다. 이때 사람들은 순례를 염원하게 된다.

-《켄터베리 이야기》 중에서

7. 풍자와 해학의 작가

미겔 데 세르반테스

(Miguel de Cervantes)

"재산을 잃은 사람은 많이 잃은 것이고,
친구를 잃은 사람은 더 많이 잃은 것이며,
용기를 잃은 사람은 모든 것을 잃은 것이다."

스페인의 세계적인 작가 세르반테스가 한 말이다. 실제로 세르반테스의 삶은 고난과 역경의 연속이었지만, 그는 최악의 상황에서도 언제나 꿈과 용기를 잃지 않았다. 세르반테스는 1547년, 마드리드에서 하급 귀족 가문의 넷째 아들로 태어났다. 그는 가난한 형편으로 학교 교육은 거의 받은 적이 없으며, 어렸을 때부터 아버지의 빚 때문에 가족들 모두 뿔뿔이 흩어 지내야 했다.

스페인 전역을 떠돌며 성장한 세르반테스는 1569년, 스페인 해군에 지원하였고, 이후 이탈리아의 나폴리에서 군 복무를 하며 이탈리아 문학을 접했다. 그러던 1571년, 그는 레판토 해전에서 총상을 입어 왼쪽 팔을 못 쓰는 장애를 가지게 되었다. 그의 불행은 계속되었다. 군 제대를 한 세르반테스는 전쟁터에서 고향 스페인으로 돌아가는 길에 해적을 만나 5년 동안 노예 생활을 하게 된다. 그리고 해적들에게서 벗어나자 이번에는 누명을 쓰고 감옥에 갇히게 되었다.

이런 고난의 시간 속에서 세르반테스는 《돈키호테(Don Quixote)》

레판토 해전_ 세르반테스는 해전에서 총상을 입고 평생 왼팔을 쓰지 못했다.

를 구상하기 시작한다. 정의를 실현하고자 세상에 뛰어든 기사, 하지만 세르반테스의 기사는 용맹하고 늠름한 기사가 아니었다. 그는 풍차를 거인으로 착각하여 달려가 결투를 벌이는 미치광이 늙은 기사를 떠올렸고, 그 기사는 세르반테스 자신과 비슷했다.

"이룰 수 없는 꿈을 꾸고, 이루어질 수 없는 사랑을 하고,
이길 수 없는 적과 싸움을 하고, 견딜 수 없는 고통을 견디며,
잡을 수 없는 저 하늘의 별을 잡자!"
-《돈키호테》 중에서

세월이 흘러 세르반테스는 감옥에서 풀려났고, 그는 감옥에서 구상한 미치광이 늙은 기사의 모험담인 《돈키호테》를 완성했다. 기사도(騎士道)에 빠져 현실과 허구를 구분하지 못하고 스스로 기사가 된 '돈키호테'. 그는 세상의 불의에 맞서지만, 늘 현실 세계와 충돌하면서 패배와 비웃음을 당한다.

세르반테스의 작품은 풍자와 유머가 넘치고, 자유롭게 공상을 펼치는 특징을 지니고 있다. 그는 《돈키호테》에서 중세 기사도를 따르는 늙은 기사의 시대착오적인 모습을 통해 급변하는 근대화의 흐름 속에서 과거의 영광만 바라보며 현실을 직시하지 못한 채 쇠퇴하는 스페인의 모습을 풍자하였다.

《돈키호테》는 서양 최초의 근대 소설로, 두 권으로 되어있는데, 1권은 〈기발한 시골 양반 라만차의 돈키호테〉, 2권은 〈기발한 기사 라만차의 돈키호테〉이다. 이 작품은 대문호 셰익스피어의 작품들과 함께 세계문학의 걸작으로 꼽힌다. 《돈키호테》는 스페인을 대표하는 국민문학으로 자리 잡았고, 오늘날까지 세르반테스는 스페인의 국민작가라는 칭호를 받고 있다.

20세기를 대표하는 작가 중 한 명인 호르헤 루이스 보르헤스는 《돈키호테》에 대해 이처럼 말했다.

"기사소설에 대한 풍자 이상이다.
우연적인 요소는 눈 씻고도 찾아볼 수 없는
완벽한 책이다."

소설 속 '돈키호테'만큼이나 기구한 삶을 살았던 세르반테스. 그는 《돈키호테》로 큰 성공을 이뤘지만, 정작 저작권을 넘겨버려서 경제적인 이득은 얻지 못한 채 수도사로서 조용히 삶을 마감했다.

세르반테스와 돈키호테의 동상

서양 최초의 근대 소설

《돈키호테(Don Quixote)》

16세기 후반, 스페인의 시골 마을 라만차에 '알론소 키하노'라는 이름의 노인이 살았다. 그는 몰락한 하급 귀족으로, 기사도 이야기를 너무 탐독한 나머지 현실과 허구를 구분하지 못했다. 급기야 알론소 키하노는 스스로 자신을 '돈키호테' 기사로 임명하고, 이 세상에 정의를 실현하고자 모험 길에 나선다. 그는 중세의 기사답게 갑옷을 입고, 말을 타고, 하인을 거느리고 다닌다. 하지만 실상은 낡은 투구와 갑옷에 녹슨 칼은 우스꽝스러웠고, 늙고 야윈 말은 볼품이 없었으며, 하인인 산초 판사는 순진한 농부였다.

"이것은 선한 싸움이다. 이 땅에서 악의 씨를 뽑아버리는 것은 하나님을 극진히 섬기는 일이기도 하다."
-《돈키호테》 중에서

사람들은 돈키호테의 기괴한 모습과 행동을 비웃었지만, 그럴수록 그는 반대로 해석했다. 그의 말 로시난테는 명마(名馬)였으며, 시골의 낡은 여관은 공주가 사는 성(城)이었다. 그리고 하녀로 일하는 알돈자는 사랑스러운 귀족 여인 둘시네아였다. 이렇게 기사도 정신의 광기와 망상에 빠진 돈키호테에게는 기상천외한 사건이 계속 벌어진다. 그중에서도 압권은 들판에 있는 수십 개의

풍차와 싸우는 돈키호테_ 들판의 풍차를 거인으로 착각한 돈키호테가 돌진하는 장면이다. **귀스타브 도레의 작품.**

풍차를 거인으로 착각해 싸움을 건 것이다.

"나리, 거인처럼 보이는 저것들은 풍차들입니다."

"정말 너는 모험이라는 것을 도무지 겪어 보지 못한 게로구나. 저놈들은 틀림없는 거인들이야."

"이 비겁하고 어리석은 놈들아, 오직 유일한 기사가 너희를 대적하마."

돈키호테는 산초 판사의 만류에도 불구하고 풍차를 향해 돌진했다가 나가떨어진다. 그는 계속해서 현실 세계와 충돌하여 온갖 실패와 패배를 당한다. 톨레도의 장사꾼들을 기사들로 착각하여 결투를 신청했다가 죽도록 두들겨 맞고, 포도주가 가득 담긴 자루를 왕국의 거인이라 여겨 칼을 휘둘러 포도주가 쏟아지자 피로 착각하고, 또 양 떼를 적군으로 오인해 전투를 벌이다가 양치기에게 뭇매를 맞는 등 사건이 끊이지 않지만, 돈키호테의 기개는 꺾이지 않는다.

돈키호테가 망상 속에서 그리워하는 아름다운 숙녀 둘시네아, 즉 하녀 알돈자는 처음에 그를 미친 노인으로 여기며 피했지만, 점차 자신을 존귀한 사람으로 대하는 돈키호테를 통해 서서히 변하게 된다. 그리고 돈키호테에게 왜 이상한 짓을 계속하느냐고 묻자 돈키호테가 대답한다.

"이게 나의 가는 길이오. 희망조차 없고, 또 멀지라도, 멈추지 않고, 뒤돌아보지 않고, 오직 나에게 주어진 이 길을 따를 뿐."

계속되던 돈키호테의 모험은 이를 보다 못한 그의 친구 카라스코가 기사로 변장해 돈키호테와 결투를 벌여 굴복시키면서 끝이 난다. 이후 고향으로 돌아온 돈키호테는 병이 들고, 죽음을 앞두고서야 제정신을 찾는다. 그는 자신이 환상에 빠져있었다는 것을 깨닫는 한편 과거를 만족스럽게 돌아보면서 숨을 거둔다.

돈키호테의 모험은 비록 허황된 꿈과 착각이지만, 비참한 실패를 계속하면서도 정의를 실현하겠다는 그의 신념은 많은 사람에게 깊은 감동을 주었다. 세르반테스는 《돈키호테》를 집필하면서 자신의 마음을 담아 서문에 이렇게 썼다.

"그대의 글을 읽으면서 우울한 사람은 웃고, 잘 웃는 사람은 더 웃으며, 바보는 화내지 않고, 점잖은 사람은 기발함에 감탄하며, 진지한 사람도 칭찬하도록 해야 할 걸세."

누가 미친 거요? 장차 이룩할 수 있는 세상을 상상하는 내가 미친 거요? 아니면 세상을 있는 그대로만 보는 사람이 미친 거요?

-《돈키호테》 중에서, 돈키호테

고통을 받는다고 절망하는 것은 비겁한 일이며, 그 고통이 아무리 심하다 하더라도 절망에 몸을 맡기는 것은 가장 소심하고 한심한 일이다.

-《돈키호테》 중에서

남의 일에 관여하기를 잘하는 자는 사람에게 피해를 주는 법이니, 훌륭한 명성을 얻을 일에만 온 힘을 다하도록 하라.

-《돈키호테》 중에서

불가능한 것을 손에 얻으려면, 불가능한 것을 시도해야 한다.

-《돈키호테》 중에서

8. 세계적인 대문호

윌리엄 셰익스피어

(William Shakespeare)

"어리석은 사람은 자기가 현명하다고 생각하지만,
현명한 사람은 자기가 어리석다는 것을 알고 있다."

영국을 대표하는 극작가 셰익스피어가 한 말이다. 세계적인 대문호로 추앙받는 셰익스피어는 인간의 감정을 가장 잘 다룬 작가로 꼽힌다. 그의 작품은 인간의 희로애락을 절절하고 아름답게 표현하여 오늘날까지 변함없는 사랑을 받고 있다. 지금까지 알려진 그의 작품들은 희곡 37편과 소네트 154편, 장시 2편 등이 있다. 특히 그중에서도 〈로미오와 줄리엣〉을 비롯해 '4대 비극'과 '5대 희극'이 유명하다.

셰익스피어의 4대 비극은 《햄릿》, 《맥베스》, 《리어왕》, 《오셀로》로 심오하고 비극적인 내용을 다루고 있으며, 우아하고 낭만적인 내용이 담긴 5대 희극으로 《베니스의 상인》, 《십이야》, 《한여름 밤의 꿈》, 《말괄량이 길들이기》, 《뜻대로 하세요》가 있다. 셰익스피어는 자신의 작품을 통해 다양한 삶의 모습을 재현했다. 그 속에서 그는 인간의 욕망과 동경, 그리고 그리움을 방대하게 풀어냈다.

16세기 말에서 17세기 초에 집필된 셰익스피어의 작품은 처음에는 작은 레퍼토리 극단에서 공연되었으며, 시간이 지날수록 점점 더 많은 사람이 그의 작품을 사랑하게 되었다. 이에 같은 시대에 활동한 극작가 벤 존슨(Ben Jonson)은 그를 일컬어 '한 시대가 아닌 만세(萬世)를 위한 작가'라고 호평할 정도였다.

> "인간사에는 기회가 있는 법!
> 그 기회를 잘 타면 성공에 도달하지만,
> 놓치면 인생 항로는 여울에 박혀 불행하기 마련이오."
> -윌리엄 셰익스피어

1564년, 영국 잉글랜드 스트랫퍼드어폰에이번에서 태어난 셰익스피어는, 부유한 상인 집안에 태어나 풍족한 소년 시절을 보냈다. 그는 문법학교에서 문학, 논리학, 수사학 등을 공부했는데, 특히 고전과 성경을 통해 읽기와 쓰기를 배우고, 라틴어 격언을 암송하며 자라났다. 그러나 1577년부터 집안 형편이 어려워져 학업을 중단해 대학 교육을 받지 못했다. 하지만 그의 천부적인 재능과 인간에 대한 이해, 그가 겪은 다양한 경험은 셰익스피어가 위대한 작가로 성장하는데 충분했다.

영국 스트랫퍼드어폰에이번에 있는 셰익스피어의 생가

셰익스피어와 엘리자베스 1세 여왕_ 궁정 극단의 전속 극작가가 된 셰익스피어가 엘리자베스 여왕 앞에서 극의 대본을 읽는 장면이다. **존 제임스의 작품.**

셰익스피어는 1582년, 6살 연상의 앤 해서웨이와 결혼해 딸을 낳았고, 1585년에는 이란성 쌍둥이를 낳은 후 고향을 떠나 런던으로 이주했다. 당시 런던은 각지의 많은 사람이 몰려와 붐비고 활기가 넘치는 도시였다. 런던의 북적거리는 사람들과 각양각색의 문화 활동, 그리고 대중의 여흥(餘興)을 위한 연극은 셰익스피어가 성공하는 기회를 제공하였다. 그는 런던에서 여러 직업을 전전하며 단역배우로 활동하다가 극작가로 성공했다.

셰익스피어는 엘리자베스 1세(Elizabeth I)와 제임스 1세(James I)의 후원을 받았으며, 1594년에 궁내부장관 극단의 전속 극작가로 임명되었다. 또한, 1599년에는 글로브 극장의 공동 소유주가 되었는데, 이곳에서 많은 희곡을 집필했다. 1590년에서 1613년까지로 극작가로 활동한 그는, 1590년대 초반에 집필한 《타이터스 안드로니커스》, 《헨리 6세》, 《리처드 3세》 등을 연달아 무대에서 상연했다. 그중에서도 《헨리 6세》는 그의 출세작이었다.

"인내하지 못하는 자는 얼마나 불행한가?
천천히 아물지 않는 상처가 어디 있단 말인가?"
–윌리엄 셰익스피어

셰익스피어는 자신의 작품으로 저명인사가 되었고, 왕성한 작품 활동을 하다가 은퇴하였다. 이후 1616년, 쉰두 살의 나이로 생을 마감했다. 셰익스피어는 전 세계의 문화예술에 큰 영향을 끼쳤다. 그의 작품들은 세계 거의 모든 언어의 번역본으로 출간되었으며, 오늘날까지도 영화와 연극 등 다양한 예술 분야에서 재탄생되어 활발하게 상영되고 있다.

셰익스피어의 좌상

셰익스피어의 최고 걸작

'4대 비극'

17세기 초, 셰익스피어가 활동하던 시기에 영국에서는 르네상스 문화가 최고조에 도달했다. 과학의 발달로 인간의 관심은 '신의 세계'에서 '인간의 세계'로 옮겨졌으며, 더불어 인간을 깊이 탐구하는 작품들이 등장했다. 셰익스피어의 작품들도 이런 시대 배경에서 탄생한 것이다. 셰익스피어가 쓴 희곡인 《햄릿》, 《오셀로》, 《리어왕》, 《맥베스》를 일컬어 '4대 비극'이라고 부른다. 이 4편의 비극 속에 나타난 셰익스피어의 인간과 세계에 대한 통찰은, 우리에게 인간의 본질은 물론 삶의 방식을 생각하게 한다.

오필리아_ 자살을 택한 오필리아가 죽음 직전 물에 떠 있는 모습이다. **존 에버렛 밀레이의 작품.**

비극의 출발점

《햄릿(Hamlet)》

셰익스피어의 4대 비극 중 가장 먼저 발표된 《햄릿》은 셰익스피어의 대표적인 작품으로, 그의 생전에도 가장 인기 있는 공연이었다. 《햄릿》에는 숙부의 죄악과 그에 대한 증오, 어머니의 도덕적 타락과 배신, 연인 오필리아의 죽음 등으로 인한 햄릿의 인간적인 고통과 고뇌가 담겨있다.

"사느냐 죽느냐, 이것이 문제로다!
참혹한 운명의 화살을 맞고도 죽은 듯 참아야 하는가?
아니면 거센 파도처럼 밀려드는 재앙과 싸워 물리쳐야 하는가?"

-《햄릿》 중에서

12세기 덴마크 왕국, 햄릿의 아버지인 왕이 갑작스럽게 죽고, 그의 동생 클로디우스가 왕이 된다. 게다가 햄릿의 어머니인 왕비는 클로디우스와 결혼한다. 이에 상심해있던 햄릿에게 아버지의 영혼이 나타나고, 자신은 클로디우스에게 독살된 것임을 알린다. 슬픔에 빠진 햄릿은 당장 아버지의 복수를 하고 싶었지만, 행동으로 옮기지 못한 채 고뇌한다.

아버지를 독살한 클로디우스는 햄릿을 의심하며 계속 위협하고, 이에 햄릿은 클로디우스의 의심을 피하고자 미친 행세를 한다. 복수를 위해 연인 오필리아와의 사랑도 포기한 햄릿, 그는 클로디우스에게 살해 내용을 담은 연극을 보여준다. 그러자 심기가 불편해진 클로디우스는 자리를 뜨고, 그의 범행을 확신한 햄릿은 자신의 친구 레어티스와 연인 오필리아와 아버지인 폴로니어스를 클로디우스로 착각해 살해한다.

> "인간의 뜻과 운명은 서로 어긋나는 것이므로
> 계획은 언제나 무너지기 마련이며,
> 우리의 뜻이 좋다 해서 그 결과도 같으리라는 법은 없다."
>
> -《햄릿》 중에서

이에 큰 충격을 받은 오필리어는 자살로 생을 마감하고, 의리를 맹세했던 친구 레어티스는 아버지의 복수를 다짐하며 햄릿을 증오하게 된다. 한편 클로디우스는 햄릿을 죽이기 위해 계략을 세워 레어티스와 햄릿이 검술 결투를 하게 한다. 결투에 앞서 클로디우스는 레어티스의 칼에 독을 묻히고, 햄릿을 위해 독배(毒杯)를 준비한다.

묘지의 햄릿과 호레이쇼_ 햄릿이 광대 요릭의 해골을 보며 탄식하는 장면이다. **외젠 들라크루아의 작품.**

하지만 독배는 햄릿의 어머니가 마셔 즉사하고, 햄릿은 레어티스의 칼에 찔려 치명상을 입는다. 최후의 순간을 맞이한 햄릿은 결투 중에 바뀐 독이 묻은 칼로 클로디우스를 찌르고 복수를 마친 후 숨을 거둔다.

질투와 의심의 비극

《오셀로(Othello)》

셰익스피어의 《오셀로》는 인간의 질투라는 감정을 가장 탁월하게 표현한 작품으로 꼽힌다. 이 작품에는 이아고의 계략에 빠진 오셀로 장군이 아내의 정절을 의심하고 질투하다가 급기야 죽이는 내용이 담겨있다. 셰익스피어는 《오셀로》를 통해서 인간의 질투가 얼마나 강하고 무서운지를 보여주고 있다.

"질투심을 조심하세요.
질투는 사람의 마음을 농락하며 먹이로 삼는
녹색 눈을 한 괴물이니까요."

–《오셀로》 중에서, 이아고

오셀로는 흑인 무어인으로, 수많은 전장에서 공을 세워 많은 사람에게 존경과 신뢰를 받는 베니스의 용감한 장군이다. 오셀로에게는 사랑하는 연인 데스데모나가 있었다. 그녀는 베니스 원로원 위원 브라반시오의 딸로, 오셀로의 검은 피부색으로 인해 두 사람의 결혼은 브라반시오의 반대에 부딪힌다.

하지만 두 사람은 비밀 결혼식을 올리고, 결국 이 사실이 알려져 원로원의 재판을 받게 된다. 이때 베니스의 적인 투르크 함대가 사이프러스 섬을 침공하고, 이를 방어할 수 있는 사람은 오셀로밖에 없었기에 오셀로와 데스데모나는 전쟁을 대비하기 위해 함께 떠난다.

그러던 어느 날, 오셀로의 부하인 이아고가 오셀로에게 그의 부관 카시오와 데스데모나가 불륜의 관계라고 보고한다. 사실 이아고는 자신이 갈망하던 부관의 자리를 카시오에게 빼앗기자 이에 앙심을 품고 음모를 꾸민 것이다. 이아고는 오셀로가 카시오를 질투하게 만들기 위한 계략을 세운다.

"공기처럼 가벼운 사소한 일도,
질투하는 사람에게는 성서의 증거처럼 강력한 확증이지요."
–《오셀로》 중에서, 이아고

결국, 술에 취해 말썽을 부린 카시오를 오셀로는 군법을 적용하여 부관의 지위를 박탈한다. 이때 이아고는 카시오에게 데스데모나에게 잘 부탁하면 다시 복권(復權)될 수 있다며 그를 부축이는 한편으로, 오셀로에게 카시오와 데스데모나가 불륜의 관계라고 보고한 것이다.

오셀로와 데스데모나_ 아내를 의심하게 된 오셀로와 데스데모나의 갈등을 나타낸 그림이다. **외젠 들라크루아의 작품.**

그러나 오셀로는 데스데모나를 깊이 사랑하기에 그녀를 의심하지 않았다. 그러자 이아고는 오셀로가 데스데모나에게 선물해

오셀로와 데스데모나_ 오셀로가 데스데모나를 죽이려 침실에 들어서는 장면을 묘사한 그림이다. **안토니오 무뇨스 디벨레인의 작품.**

주었던 수가 놓인 손수건을 훔쳤고, 결국에는 데스데모나와 카시오의 불륜 사실을 오셀로가 믿게 하였다.

질투에 사로잡힌 오셀로는 데스데모나를 추궁하고, 그녀의 말을 믿지 않은 채 침실에서 목 졸라 죽이게 된다. 곧이어 이아고의 음모가 드러나고, 오셀로는 자신의 어리석은 질투심으로 사랑하는 데스데모나가 죽었다는 죄책감에 스스로 목숨을 끊는다.

자만 뒤의 몰락과 깨달음

《리어왕(King Lear)》

셰익스피어의《리어왕》은 인간의 한계와 이면의 본질적인 모습과 함께 허무함과 고통을 여과 없이 보여준다는 점에서 '비극 중의 비극'으로 불린다. 《리어왕》은 첫째와 둘째 딸에게 왕국을 넘겼으나 두 딸에게 버림을 받아 광인이 된 리어왕, 그리고 리어왕을 진심으로 사랑한 막내딸 코델리아의 불행한 죽음 이야기가 담겨있다.

"내가 누구인지 말할 수 있는 자는 누구인가?"
-《리어왕》 중에서, 리어왕

고대 브리튼 왕국의 리어왕은 나이가 들자 세 명의 딸에게 왕국을 물려주기로 한다. 그에게는 장녀 고너릴과 차녀 리건, 그리고 막내딸 코델리아가 있었다. 그러나 누구에게 왕위를 넘겨주느냐 선택하는 것은 매우 중요했다. 마침내 리어왕은 자신을 가장 사랑하는 딸에게 왕국 일부를 주기로 작정한다.

리어왕은 사랑하는 세 딸에게 누가 자신을 가장 사랑하느냐고 물었다. 그러자 장녀 고너릴은 "아버지는 자기 눈빛보다 소중하며, 생명과 자유보다 소중하다"라고 답한다. 이어서 둘째 딸 리건은 "아버지를 사랑할 때에만 행복과 즐거움을 느낄 뿐 다른 기쁨은 없다"라고 대답한다. 리어왕은 두 딸의 과장된 대답에 의심도 들었지만, 그들에게 왕국을 나누어 주었다.

"부모의 은혜를 모르는 자식을 두는 것은
독사의 이빨에 물리는 것보다 더 아프다."
-《리어왕》 중에서, 리어왕

반면 솔직한 성격을 지닌 막내딸 코델리아는 마음과 다르게 찬사를 늘어놓는 두 언니와 다르게 오직 진심만을 말한다.

"저는 자식의 도리로 아버지를 사랑할 뿐, 그 이상도 그 이하도 아닙니다. 또 결혼 후에는 남편이 있기에 그 사랑은 줄어들 것입니다."

코델리아의 솔직한 말에 격노한 리어왕은 그녀를 왕국에서 추방한다. 그러자 리어왕의 충신 켄트 백작이 직언하지만, 이미 판단력을 잃은 리어왕에게 그의 말은 소용이 없었다. 리어왕은 고너릴과 리건의 집을 교대로 오가며 머물겠다고 말하지만, 두 딸은 리어왕을 냉대한다. 이에 분노와 배신감에 휩싸인 리어왕은 반미치광이 상태로 불효한 두 딸을 저주하면서 광야를 헤맨다.

또한, 고너릴과 리건은 글로스터의 서자인 에드먼드를 사이에 두고 서로 싸우는 일이 벌어진다. 질투에 싸인 고너릴은 리건을 독살하고, 이후 죄책감에 시달리던 고너릴도 자살하고 만다.

리어왕_ 코델리아의 죽음에 오열하는 리어왕의 모습이다. **제임스 바리의 작품.**

"우리가 세상에 태어날 때 그토록 울부짖는 이유는
거대한 바보들의 무대에 서는 것이 서글프기 때문이다."
-《리어왕》 중에서, 리어왕

한편, 추방당한 코델리아는 그녀의 강직한 성품에 반한 프랑스 왕에 의해 왕비가 되었다. 리어왕은 방랑 끝에 코델리아를 찾아가 용서를 구하고, 그녀는 리어왕을 따뜻하게 맞이한다. 그리고 리어왕의 참상을 들은 프랑스 왕은 영국으로 군대를 파병하지만 패배하고, 리어왕과 코델리아마저 포로로 잡힌다. 결국 코델리아는 사형을 당하고, 리어왕은 비통함에 울부짖으며 숨을 거둔다.

탐욕으로 벌어진 파멸

《맥베스(Macbeth)》

셰익스피어의 4대 비극 중에서 마지막 희곡인 《맥베스》는 선과 악을 함께 지닌 인간이 야심과 욕망으로 파멸하는 모습을 담은 작품이다. 이 작품에는 사악한 마녀들의 꾐에 빠진 맥베스 장군이 왕위에 오르고자 자신의 아내와 함께 왕을 죽이고, 그 대가로 비참한 최후를 맞는 내용이 담겨있다.

"겉으로는 청순한 한 떨기 꽃잎처럼 보이되,
속에는 뱀을 숨기세요."
-《맥베스》 중에서

스코틀랜드의 장군 맥베스는 노르웨이 왕과 덩컨 왕의 반란군을 진압하고 부하 뱅코와 함께 왕궁으로 돌아간다. 맥베스는 귀환 도중 황야에서 세 마녀를 만나는데, 마녀들은 장차 맥베스가 새로운 왕이 되고, 뱅코의 자손이 왕위에 오른다고 예언한다. 맥베스는 왕이 되고 싶은 욕망과 장군으로서의 충섬 사이에서 갈등하고, 이를 알게 된 맥베스의 아내는 왕을 죽여야 한다고 맥베스를 부추긴다.

마침내 맥베스는 왕이 되고 싶은 야심에 덩컨 왕을 살해하고, 왕자 맬컴과 도널베인을 외국으로 추방하여 스코틀랜드의 새로

맥베스_ 세 마녀를 만나는 맥베스와 뱅코의 모습이다. **외젠 들라쿠르아의 작품.**

운 왕이 되었다. 그러고 뱅코의 자손이 왕위에 오른다는 예언을 떠올리고는 뱅코마저 살해한다. 욕망에 사로잡힌 맥베스는 자신을 견제하던 영주 맥더프를 죽이기 위해 자객을 보낸다. 맥더프는 간신히 살아남았지만, 그의 아내와 아들은 모두 죽임을 당한다. 맥베스는 자신의 권력에 방해되는 모든 것을 잔혹하게 진압하면서 폭군이 된 것이다.

그러나 맥베스는 뱅코의 망령에 시달리고, 죄의식과 공포로 맥베스와 그의 아내는 불면에 빠진다. 그리고 맥베스의 아내는 몽유병을 앓다가 끝내 자살한다. 한편 복수를 다짐한 맥더프는 맬컴 왕자와 힘을 합쳐 반란을 일으킨다. 결국 맥베스는 이 모든 것이 세 마녀의 사악한 꾐이었다는 사실을 뒤늦게 깨닫고 절망한다. 맥베스와 맥더프의 마지막 결전에서 맥베스는 죽임을 당하고, 맥더프는 맬컴 왕자를 왕으로 옹립한다.

만일 말이 숨결에서 나오고, 숨결이 목숨에서 나온다면, 네가 한 말을 입 밖에 낼 목숨이 내게는 없단다.

–《햄릿》 중에서

위험한 상상은 독약과 같지. 처음에는 맛이 고약한 줄을 모르다가 서서히 핏속으로 퍼지기 시작하면 유황불처럼 타오르는 거야.

–《오셀로》 중에서

있다고 다 보여주지 말고, 안다고 다 말하지 말고, 가졌다고 다 빌려주지 말고, 들었다고 다 믿지 마라.

–《리어왕》 중에서

당신의 얼굴은 뭔가 수상한 내용이 담긴 한 권의 책 같군요. 세상을 속이려면 세상과 똑같은 표정을 지으세요.

–《맥베스》 중에서

제3장

인간 이성의 해방

계몽주의

1. 최초의 사회과학자, **샤를 드 몽테스키외**
2. 프랑스 계몽주의 운동의 선구자, **볼테르**
3. 급진적 계몽주의 철학자, **드니 디드로**
4. 독일 계몽주의 극작가, **고트홀트 레싱**
5. 영국의 시인이자 청교도 사상가, **존 밀턴**
6. 지식을 위해 일생을 바친 철학자, **장 자크 루소**

1. 최초의 사회과학자

샤를 드 몽테스키외

(Charles de Montesquieu)

"쓸모없는 법은 필요한 법을 무력하게 만든다."

18세기 프랑스 계몽주의 시대에 저명한 법률가이자 사상가인 몽테스키외가 한 말이다. 그는 자유주의 사상에 입각한 '삼권 분립(입법권, 사법권, 행정권)'을 주장하며 권력의 독재를 견제하였다. 이런 몽테스키외의 사상은 이후 프랑스 혁명의 사상적 토대가 되었으며, 인권 선언과 미국 헌법에도 큰 영향을 주었다.

몽테스키외는 1689년, 프랑스 보르도 근처에 있는 라 브레드에서 하급 귀족 가문의 아들로 태어났다. 그는 네 남매 중 맏아들이었는데, 그가 일곱 살 때 어머니를 여의었다. 몽테스키외는 열한 살 때 쥐이 학교에 입학해 지리학, 과학, 수학, 역사 등을 배웠으며, 졸업 후 보르도 대학교에 진학해 법학을 공부했다. 1708년에 법률 훈련을 받기 위해 파리에 간 그는 1713년, 아버지가 세상을 뜨자 다시 고향으로 돌아왔다.

이후 로마 가톨릭교회에서 운영하였던 줄리아 컬리지를 졸업한 그는, 1715년에 결혼하여 가정을 꾸렸다. 그리고 이듬해 자손이 없었던 백부의 유언에 따라 백부의 작위와 봉토를 계승하여 제2

대 몽테스키외 남작이 되었다. 작위를 상속하기 전 몽테스키외의 본명은 '샤를 루이 드 스콩다'였다. 그는 백부가 맡고 있었던 보르도 고등법원의 고등법원장을 계승하였다.

"우리는 단지 행복을 원하는 것이 아니라
다른 사람보다 더 행복하기를 원한다.
그래서 이것은 달성하기 어렵다.
왜냐하면, 우리는 다른 사람들이 실제보다
더 행복하다고 믿고 있기 때문이다."
-몽테스키외

이 무렵 영국에서는 명예혁명이 일어나 입헌군주제가 선포되었고, 1707년에는 스코틀랜드가 합병되어그레이트브리튼 왕국(Kingdom of Great Britain)이 세워졌다. 그러나 이와 대조되게 프랑스는 1715년, 루이 14세가 죽은 후 루이 15세가 즉위하지만, 프랑스의 낡은 체제는 여전해 곳곳에서 많은 문제가 일어났다. 이런 시기에 진로를 고심하던 몽테스키외는 고등법원을 그만두고 파리로 이주하여 연구와 저술에 전념했다.

몽테스키외는 1716년부터 고등법원에 근무하면서도 보르도 학술원 회원으로 활동하면서 자연과학과 역사, 정치 등 자신의 관심을 넓혀왔다. 그리고 1721년, 《페르시아인의 편지》를 익명으로 발표했다. 이 작품은 프랑스를 여행 중인 페르시아인 우스베크와 리카가 고국에 있는 친구들과 주고받은 편지로 구성돼 있다. 《페르시아인의 편지》는 발표되자마자 큰 인기를 얻었다.

몽테스키외가 태어난 들 라 브레드 성의 모습

이후 몽테스키외는《페르시이안의 편지》와 같은 서간문의 형식으로 18세기 프랑스의 정치와 사회를 풍자적으로 묘사하였으며, 특히 가톨릭교회를 신랄하게 비판하였다. 1721년, 그는《페르시아인의 편지》가 출판된 이후로 파리에 가서 많은 학자와 교류했다. 1725년에 그는 고등법원장직을 팔았으며, 1728년 프랑스 학술원 회원이 되었다.

"진정으로 훌륭한 사람이 되기 위해서는 사람들과 함께 서야지,
사람들의 위에 서서는 안 된다."
-몽테스키외

몽테스키외는 1728년부터 1731년까지 오스트리아, 독일, 헝가리, 이탈리아 등 각국을 여행한 후 영국에 2년 동안 머물렀다. 그 시기 그는 영국 정치의 좋은 점에 감명을 받았다. 1731년에 프랑

스로 돌아온 몽테스키외는 2년간의 연구 및 집필 활동에 들어갔고, 1734년에 그의 대표작 중 하나로 꼽히는 《로마인의 위대함과 쇠락 원인에 관한 고찰》을 발표했다.

이후 장장 10여 년에 이르는 연구와 집필 끝에 1748년에 이르러서야 그의 가장 대표작이라고 불리는 《법의 정신》을 출간하였다. 그러나 종교적 권위를 비판한 것을 빌미로 이 작품은 로마 교황청으로부터 금서로 지정된다. 이에 몽테스키외는 1750년 《법의 정신》 개정판을 추가 집필한다. 그는 이 작품에서 평등애(平等愛)의 실천을 말하고, 이를 바탕으로 공화정을 만들어야 한다고 주장하였다. 이후 1755년, 그는 파리에서 창궐한 열병에 걸려 생을 마감했다.

샤를 드 몽테스키외의 초상화, 그리고 프랑스 지폐에 그려진 그의 모습이다.

프랑스 사회를 비판한 풍자 소설

《페르시아인의 편지 (Persian Letters)》

몽테스키외의 《페르시아인의 편지》는 수많은 편지글이 합쳐진 서간체의 소설이다. 프랑스 파리에 온 두 명의 페르시아인 우스베크와 리카가 고국의 친구들과 주고받는 편지 형식을 취하고 있다. 이 소설은 18세기 프랑스의 정치와 사회를 고찰하고, 동서(東署)의 문화를 비교하면서 당시 프랑스의 부조리함을 풍자적으로 묘사했다. 이는 곧 계몽주의의 시작을 알리는 계기가 되었다.

"위대한 일을 하는 사람은 모험가들이지,
거대 제국의 지배자들이 아니다."
-몽테스키외

《페르시아인의 편지》 속 주인공 우스베크와 리카는 페르시아의 관습대로 일부다처제 사회에서 많은 아내를 두고 있다. 그런데 우스베크는 고국에 있는 아내들의 정절이 무너질 것을 걱정하며 두려워했다.

페르시아의 유력가이자 군주, 우스베크의 초상

그는 파리에 있으면서도 자신의 권리를 위임한 환관과 아내들에게 편지를 보내 이들을 통제했다. 동시에 프랑스의 새로운 문물을 보면서 비판하고, 재해석했다.

페르시아인의 풍자를 묘사한 것으로, 당시 귀부인들의 머리치장을 조롱한 작품이다.

먼저 리카가 보낸 편지에는 당시 유럽인이 갖고 있던 '자민족 중심주의'가 담겨있다. 리카는 '만약 프랑스를 여행 중인 스페인 사람이 편지를 쓴다면, 그도 프랑스에 대해 마찬가지로 비판할 것'이라고 결론짓는다.

"스페인과 포르투갈 본토에 사는 이들은 자기네끼리 이르는 말인 '구교도'를 굉장한 자긍심을 느끼고 있습니다. 인도에 가 있는 자들은 자신들이 '하얀 살갗 사람들(백인)'이라는 사실이 무슨 대단한 것인 양 본토인들 못지않게 잘난 척을 하지요. (중략) 스페인 사람들은 신대륙에서 많은 것을 발견해 냈지만, 정작 자신들 본토는 아직 모르고 있습니다. 이들은 해가 자기네 나라에서 떠서 자기네 나라로 진다고 말하지만, 말이야 바른 말이지, 해가 지나가면서 보는 것이라곤 피폐한 농촌과 인적 없는 지역뿐이랍니다."

-《페르시아인의 편지》 중에서, 리카

또한, 우스베크가 보낸 편지에는 동양의 전제정치에 대한 내용을 서술했다. 몽테스키외는 이를 통해서 루이 14세 이후로 프랑스를 통치한 군주들의 행태를 비판했다.

> "여러 면에서 페르시아보다 프랑스가 훨씬 자유롭죠. 그래서 명예가 프랑스에서 더 존중되는 겁니다. 프랑스인들은 명예라는 환상 때문에 당신네 국왕이 국민의 눈앞에 형벌과 보상을 끊임없이 번갈아 보여줘야 가까스로 얻어내는 것을 기쁜 마음으로 멋지게 해내는 겁니다. 더욱이 우리 국왕은 제일 미천한 국민의 명예까지 소중히 여깁니다. (중략) 우리에게는 명예를 보호하기 위한 존경할 만한 재판소가 있습니다. 이 재판소는 신성한 국보이며, 국왕이 마음대로 할 수 없는 유일한 곳이죠. 만약 국왕이 그곳에서 마음대로 결정할 수 있다면, 자신의 명예를 훼손하는 결과가 되기 때문입니다. (후략)"
>
> –《페르시아인의 편지》 중에서, 우스베크

우스베크와 그의 명령을 따르는 환관들, 그리고 그 명령의 대상인 아내들 사이에서 작용하는 권력 관계는 전제정치의 구조와 권력 관계를 그대로 보여준다. 즉 유일한 권력자인 우스베크와 아내들 사이에는 오직 지배와 복종의 관계만 있을 뿐이다. 우스베크가 환관에게 보낸 편지를 통해서 만약 이 관계가 무너지면 어떤 일이 벌어지는 알 수 있다.

하렘의 살인_ 하렘의 규방에서 벌어진 살인 장면을 묘사한 작품이다. 하렘의 여인들은 군주의 사랑을 받기 위해 질투와 경쟁이 치열했다. **페르낭 코르몽의 작품.**

> "하렘 전체를 통괄하는 무한한 권한을 부여하니, 나와 동등한 자격으로 지휘하라. 공포와 두려움이 너와 함께 할지어다. 규방 구석구석을 돌아다니며 처벌하라. 모두를 경악 속에 몰아넣고, 네 앞에서 울게 하여라. 네 손에 칼을 쥐어 주노라.
> (중략) 즉각 이 새로운 임무를 수행하되, 연민이나 동정은 절대 품지 말거라. 우선 죗값을 치르게 하는 것으로 시작하여 죄인들을 멸살하고, 죄를 지으려 시도했던 자들은 공포에 떨게 하라."
>
> -《페르시아인의 편지》 중에서, 우스베크

이처럼 우스베크의 편지에는 전제정치와 '법을 매개로 한 체제'가 대립하고 있음을 보여준다. 몽테스키외는 현재의 권력을 견제함으로써 권력의 남용을 막을 수 있을지 고민했다. 그 결과로 권력의 삼권 분립을 주장하게 된 것이다.

나는 당신을 배신했어요. 당신의 환관들을 유혹했고, 당신의 질투심 같은 건 아랑곳하지 않았죠. 나는 당신의 지옥 같은 하렘을 유희와 쾌락의 장소로 만드는 방법을 알았던 겁니다. (중략) 어떻게 당신은 당신이 하고 싶은 건 다 하면서, 내 욕망을 억제할 수 있는 권리를 가졌다고 생각했죠? 아니에요! 예속된 삶 속에 살았지만, 나는 늘 자유로웠어요. 나 스스로 당신이 만든 법도를 자연의 법칙에 맞게 고쳤고, 내 영혼은 언제나 독립성을 잃지 않았죠.

–《페르시아인의 편지》 중에서, 록산느

하렘의 목욕탕_ 장 레옹 제롬의 작품.

2. 프랑스 계몽주의 운동의 선구자

볼테르
(Voltaire)

"무고한 자를 비난하느니,
죄 있는 자를 풀어주는 게 낫다!"

18세기 계몽주의를 대표하는 프랑스의 작가이자 사상가인 볼테르가 한 말로, 법학도이기도 했던 그는 '무죄 추정의 원칙'을 드러내기도 했다. 언론과 종교의 자유를 추구하던 볼테르는 평생을 권위와 비관용에 맞서 싸웠다. 그는 신랄한 지성과 비판 정신, 재기 넘치는 문체로 여러 분야에서 집필했다.

그의 대표작으로는 소설 《자디그》, 《캉디드》 등이 있으며, 그 외 《루이 14세》, 《풍속시론》 등 역사 저술, 《철학사전》, 《신앙자유론》 등의 철학 저술이 있다. 작품 속에서 그가 보여 준 비판 정신과 풍자, 지식 등은 당대 프랑스의 발전에 큰 밑거름이 되었다.

볼테르는 1649년, 프랑스 파리의 부르주아 계층의 집안에서 태어났다. 그는 열 살 때 예수회가 운영하던 루이 르그랑 학교에 들어가 일찍이 두각을 나타냈으며, 이때 평생 함께할 교우 관계도 만들었다. 학창 시절부터 볼테르는 고전 문학과 연극에 깊은 관심이 있었다. 그는 학교를 졸업하면서 문학가가 되고 싶었지만, 아버지의 반대로 법학 대학에 진학했다.

프랑스의 페르네 볼테르 마을에 있는 볼테르 성의 모습이다. 그는 이 성에서 20년을 지내다 죽음을 맞았다.

"답변으로 사람을 판단하지 말고,
질문으로 사람을 판단하라."
–볼테르

하지만 문학의 길을 포기하지 못한 볼테르는 문학 살롱 탕플(Temple)에 드나들면서 자유주의 사상을 접했고, 이것은 장차 그의 사상과 문학관에 큰 영향을 주었다. 1717년, 볼테르는 루이 15세의 섭정 오를레앙 공작을 비방한 글을 썼다고 하여 바스티유 감옥에 갇혔다. 그는 투옥 생활 중에 작품을 쓰기 시작했다.

그는 스물네 살 때 감옥에서 쓴 《오이디푸스》를 '볼테르'라는 필명으로 발표한다. 이 작품으로 그는 프랑스 문단과 대중은 물론 궁정에서도 크게 주목을 받았다. 이후 스물일곱 살에 베르길리우스의 《아이네이스》를 모방한 《라 앙리아드》를 발표하며 더욱 크게 성공한다.

1726년, 그는 귀족과 말다툼 끝에 모욕죄로 바스티유 감옥에 다시 갇혔다. 이후 영국으로 건너가 그곳에 머물면서 당대의 뛰어난 문인들, 사상가들과 교류했다. 특히 로크(Locke)와 뉴턴(Newton)의 영향으로 그의 비판 정신은 더욱 강고해졌다. 1729년, 그는 프랑스로 돌아왔지만, 영국을 찬미하고 프랑스를 비방했다는 이유로 당국의 탄압을 받아 그의 책들은 불태워진다.

"많은 사람의 인정을 받는 성공이 아닌,
스스로 인정받는 성공을 이루어라."
–볼테르

이후 볼테르는 후원자이자 연인인 샤틀레 부인의 영지에 가서 1734년부터 10년간 저술과 연구로 보냈다. 그는 자신의 시련을 철학적인 풍자로 표현한 작품들을 집필하며 당대 프랑스를 비판했다. 1757년, 볼테르를 포함한 당대 지식인들의 공동작업으로 《백과전서》를 발표하지만, 논쟁에 시달린다.

이듬해, 그는 자신의 심경을 담은 《캉디르》를 썼다. 캉디드는 '순진한'이라는 뜻의 프랑스어로, 볼테르는 이 작품을 통해서 당대 사회가 개선될 수 있다는 신념을 잃지 않았다. 그는 여든네 살까지 장수를 누렸지만, 프랑스 대혁명은 보지 못했고, 1778년 희곡 〈이렌〉을 보러 파리에 갔다가 생을 마감했다.

볼테르의 초상

철학적인 풍자 소설
《캉디드 (Candide)》

《캉디드》는 볼테르가 독일의 철학자 라이프니츠(Leibniz)의 근거 없는 낙관주의 철학을 풍자하고자 쓴 작품이다. 볼테르는 인간과 세계에 대한 낙관론을 부정했다. 즉 낙관주의는 현실을 직시하지 못한다고 생각했다. 그는 《캉디드》에 나오는 여러 인물을 통해서 근대의 낙관주의를 풍자적으로 비판했다.

"내게 지금 일어난 이 모든 것이 필연이고, 최선이다."
-《캉디드》 중에서, 팡글로스

캉디드는 스승인 팡글로스의 가르침에 따라 낙천주의적인 이상을 배우고 익혔다. 그러나 그는 남작의 딸인 퀴네공드를 사랑한다는 이유로 지상낙원이라 생각했던 성에서 쫓겨나게 된다. 이때부터 캉디드는 세계 곳곳을 떠돌며 온갖 시련을 겪는다. 그는 불가리아에서는 돈에 팔려 군대에 갔다가 간신히 목숨을 구했고, 포르투갈에서는 화형 직전에 살아났다.

그는 스페인에서 카캉보라의 손에 이끌려 남미 파라과이로 건너갔다. 그곳에서 그는 예수회 신부로 오해를 받아 원주민들에게 죽임을 당하기 직전에 오해가 풀려 살아나기도 했다. 모진 시련을 겪으며 엘도라도에 도착한 캉디드는 그곳에서 '유토피아'를 본다. 엘도라도에서는 금과 은은 아이들이 가지고 노는 돌멩이에 불과했다. 그는 엘도라도에 대해 알고 싶어서 나이가 무려 백칠십오 살이나 되는 노인과 대화를 나눈다. 캉디드가 엘도라도에도 종교가 있냐고 묻자 노인이 대답한다.

"신(神)은 섬기지만, 기도는 하지 않는다.
왜냐하면, 신에게 바라는 것이 아무것도 없기 때문이다."
-《캉디드》 중에서

캉디드는 지금까지의 세상과는 전혀 다른 엘도라도의 신세계(新世界)를 경험한다. 그리고 많은 황금과 보물을 얻고는 부자가 되어 길을 떠났다. 엘도라도를 떠난 그는 수리남으로 갔지만, 그곳에서 사기를 당해 황금을 잃어버리고 말았다. 간신히 보르도를 향하는 배를 탄 그는 마르탱이라는 마니교 학자를 만났다. 그는 비관주의자였다. 이때 볼테르는 마르탱의 입을 빌려 당시 유럽의 현실을 이렇게 비판했다.

엘도라도_ 황금이 넘쳐난다는 이상향의 도시로, 볼테르의 작품속에서도 이상적인 도시로 묘사되었다.

"신(神)은 이 지구를 어떤 사악한 존재에게 맡긴 것이 아닌가 싶습니다. 물론 엘도라도는 예외입니다만, 제가 지금까지 보건대 모든 도시는 하나

같이 이웃 도시의 몰락을 바라고, 이름난 가문들은 서로를 죽이지 못해 안달이더군요. 곳곳에서 약자는 강자의 눈앞에선 바짝 엎드려 기면서 속으로 증오합니다. 그리고 강자는 약자를 마치 고기와 털을 팔려고 내놓은 가축 떼처럼 다루지요."

이후 캉디드는 자신이 사랑했던 퀴네공드를 찾아갔지만, 그녀는 노예로 전락하여 처참한 삶을 살고 있었다. 그는 퀴네공드를 노예 신세에서 구제하고, 그녀와 결혼하여 작은 농지에서 스승인 팡글로스, 마니교 학자 마르탱, 그리고 함께 여행했던 카캉보와 함께 행복하게 살았다. 그러나 세월이 지날수록 캉디드는 삶의 보람을 느끼지 못했고, 결국 낙관주의를 잃는다.

그러던 어느 날, 캉디드는 이슬람의 한 노인을 만났다. 그 노인은 두 딸과 함께 행복하게 살고 있었다. 캉디드가 노인에게 행복의 비결을 묻자 노인이 대답했다.

"노동은 세 개의 악(惡), 즉 지루함과 부도덕,
그리고 가난을 멀리하게 해준다."

-《캉디드》 중에서

노인의 대답을 곰곰이 생각하던 캉디드는 그 노인이 왕보다도 훨씬 행복한 삶을 살고 있다고 여긴다. 그는 온갖 사회적인 불합리 속에서도 낙천주의와 비관주의를 벗어나야 하며, 운명은 스스로 개척하고 발전해 가는 것임을 깨달았다.

그래도 자네는 고생 끝에 여기에 오게 되었으니, 얼마나 다행인가? 만약 고생하지 않았다면 다른 친구들도 못 만날 것이야.

추론은 그만두고 일합시다. 일하는 것만이 삶을 견딜 만하게 만드는 유일한 방법입니다.

-《캉디드》 중에서, 팡글라스와 캉디드의 대화

모든 것이 잘 될 것입니다. 그러나 우리는 우리의 정원을 가꾸어야만 합니다.

-《캉디드》 중에서, 캉디드

3. 급진적 계몽주의 사상가

드니 디드로

(Denis Diderot)

"마음을 위대한 일로 이끄는 것은
오직 열정! 위대한 열정뿐이다."

18세기 프랑스의 대표적인 계몽주의 사상가인 드니 디드로가 한 말이다. 그는 프랑스 백과전서파를 대표하는 계몽주의 철학자로, 문학과 예술 비평 등 여러 분야에서 활약했다. 또한, 그는 신(神)의 존재를 부정하는 무신론(無神論)을 최초로 주창하였다. 그는 18세기 계몽철학 사상을 집대성한 기념비적 작품인 《백과전서》를 편집했으며, 다양한 분야의 집필을 했다.

디드로는 1713년, 프랑스 랑그르의 독실한 가톨릭 집안에서 태어났다. 그는 어린 시절 예수회에서 교육을 받고, 1732년에 문학 학사 학위를 받았다. 이후 파리 대학에 입학해 법학을 전공하던 디드로는, 1734년부터 작가의 길을 택한다. 하지만 아들이 전문직 취업을 포기한 것에 화가 난 디드로의 아버지는 디드로와 의절했다.

경제적으로 궁핍하던 디드로는 여러 직업을 전전하면서 살아갔지만, 가난한 생활을 벗어날 수는 없었다. 하지만 그는 낙심하지 않았고, 1745년부터 철학적인 작품을 집필하기 시작했다. 디드로는 작가가 되기로 한 결심을 후회하지 않았다. 비록 고난의 시기였지만, 그는 더욱 열정을 다하였고, 자신의 신념을 지키려고 노력하였다.

"절대 후회하지 말 것이며, 절대 다른 사람 탓을 하지 말라.
이것이 지혜의 첫걸음이다."
-드니 디드로

1743년, 그는 세 살 연상의 안 앙투아네트 샹피옹과 결혼했다. 그러나 그녀의 낮은 신분과 결혼 지참금 문제를 빌미로 그의 아버지는 결혼을 반대했다. 어린 시절부터 디드로는 아버지와 사이가 좋지 않았는데, 완고한 아버지는 자기 뜻을 따르지 않는 그를 엄하게 대했다. 그의 아버지는 디드로의 여동생을 수녀로 만들었는데, 여동생이 수녀원에서 미치고 병들어 죽는 일이 생겼다. 이 일로 디드로는 훗날 《수녀》를 집필했다.

디드로는 《백과사전》의 편찬에 평생을 바쳤다. 서른두 살의 그가 가난에 찌들려 있을 때, 한 서적상이《체임버스 백과사전》의 프랑스어 번역을 제안했다. 디드로는 번역에 그치지 말고, 세상에 없는 새로운 개념과 지식을 담자고 서적상을 설득한다. 이 과정에서 몽테스키외와 루소 등 당대 유럽 최고의 지식인 150여 명이 참여하였다.

드니 디드로의 초상화

《백과전서》는 1751년 제1권을 시작으로, 21년이 지난 1772년에 본문 17권과 도판 11권을 펴내어 마침내 전서를 완성했다.

"책의 수는 점점 늘어날 것이고,
사람은 책에서 무언가를 배우는 것이
우주 전체를 직접 연구하는 데서 배우는 것과
비슷할 정도로 어려워질 때가 올 것이다."
-드니 디드로

디드로는 1749년에 발표한 《맹인 서간》에서 무신론의 경향을 보인 일로 투옥되었다. 디드로의 저작은 광범위했지만, 그의 생활은 여전히 가난했다. 결국, 자신의 장서를 팔아야 하는 상황에 이르자 러시아의 예카테리나 2세(Ekaterina Ⅱ)가 장서를 인수해주면서 후원자가 되었다. 디드로는 1773년 10월부터 다음 해 3월까지 아픈 와중에도 상트페테르부르크의 왕궁에 머물렀다. 이후 1784년, 폐색전증을 앓던 그는 파리에서 생을 마감했다.

백과전서파_ 프랑스에서 《백과전서》의 집필과 간행에 참여한 계몽사상가 집단의 모습이다.

세기의 금서(禁書)

《수녀 (La Religieuse)》

디드로는 계몽주의 철학자로서 인간의 자유를 억압하는 제도와 관습에 대항했다. 그는 수녀원 제도가 인간을 억압하는 제도라고 생각했다. 디드로가 집필한 《수녀》는 부모의 강요로 수녀가 된 주인공 쉬잔 쉬모넹이 수녀원에서 겪었던 부조리를 서술한 편지 형식의 작품이다. 이 작품을 통해서 디드로는 성직자의 수도생활이 인간의 본성에 얼마나 반하는가를 비판하였다.

"신부님께서는 제게 청빈과 정결을 약속하느냐고 물으셨지요. 분명히 알아들었습니다. 제 대답은 '아니오'입니다."

-《수녀》 중에서, 쉬잔 쉬모넹

경제적으로 파산에 이르게 된 쉬잔 쉬모넹의 부모는 어린 그녀를 강제로 수녀원에 보낸다. 하지만 그녀가 수녀원에 내몰린 또 다른 이유로, 쉬잔은 어머니가 외도로 낳은 사생아였기 때문이다. 이 사실을 알지 못했던 쉬잔은 그저 잠시 수녀원에 머문다고 생각했다.

그러나 그녀는 어머니의 죗값을 대신 치르라는 미명에 수녀원에 감금되다시피 지냈다. 수녀원의 속박이 아닌 자유를 갈망했던 그녀는 자신을 돕는 변호사 미누리의 조언대로 수녀 서원을 취소하는 소송 재판을 벌인다.

당시 사회 분위기는 수녀원에 들어가 수녀가 되는 것은 자유였지만, 반대로 수녀원을 나오는 것은 어려웠다. 재판에 패소한 쉬잔은 롱샹 수녀원으로 옮겨진다. 이곳에서 그녀는 어머니 같은 존재인 모니 수녀원장의 보살핌 속에 수녀의 삶을 이어간다. 그러나 후임 원장 생트 카트린 수녀는 쉬잔을 모질게 대했다. 게다가 쉬잔의 소송 사건을 알고난 후 더욱 그녀를 괴롭혔다.

"불안정하고 약한 존재인 우리가 한순간의 선택인
서원의 구속에 묶이는 것을 옳다고 인정하실까요?"
-《수녀》 중에서, 미누리

마침내 부주교의 명으로 쉬잔은 아르파종 수녀원으로 보내졌다. 이곳에서의 생활은 그녀에게 너무나도 좋았지만, 수녀원장은 그녀를 너무 좋아한 나머지 동성애의 행동을 한다. 그리고 쉬잔이 고해 성사를 하면서 걷잡을 수 없이 일이 커진다.

드니 디드로의 묘가 있는 팡테옹 사원의 수녀상

결국, 쉬잔은 수녀원을 탈출하여 파리 시내의 세탁소에서 일하게 되고, 재판에서 자신에게 호의적인 모습을 보여준 크루아마르 후작에게 도움을 청하는 편지를 보낸다.

청빈의 서원을 하는 것은 무위도식하는 도둑이 되겠다는 서약을 하는 것이며, 정결의 서원을 하는 것은 하나님께서 명하신 가장 중요하고 가장 현명한 법을 영원히 짓밟겠다는 것을 약속하는 바이며, 순종의 서약의 하는 것은 인간의 양도할 수 없는 특권인 자유를 포기하는 일입니다. 그러므로 이러한 모든 서원을 지키면 하나님께 죄인이 되며, 지키지 않으면 맹세를 어기는 사람이 됩니다. 즉 수도자는 광신자나 위선자가 될 수밖에 없는 것입니다.

–《수녀》 중에서, 미누리

4. 독일 계몽주의 극작가

고트홀트 레싱

(Gotthold E. Lessing)

"자신의 경험은 아무리 작은 것이라도
백만 명이 한 타인의 경험보다 가치 있는 재산이다."

18세기 독일의 극작가이자 평론가인 고트홀트 레싱이 한 말로, 인간은 모두 경험을 통해서 성장해나가며 스스로 직접 경험한 것만이 자신에게 의미가 있다는 교훈을 준다. 그는 계몽주의의 대표적인 극작가로, 독일 문학과 연극의 근대화를 앞당겼다. 당시 독일극은 고전주의극과 프랑스극의 영향 아래에 있었다. 레싱은 1767년 5월, 첫 호를 발간한 〈함부르크 연극론〉을 통해 그동안 당연하게 여겨왔던 '프랑스 작가들이 유럽의 드라마를 선도한다'라는 주장을 정면으로 반박했다.

레싱은 독일 희곡과 연극이 발전하려면 영국의 극작가 윌리엄 셰익스피어를 모범으로 삼아야 한다고 주장하면서 독일 드라마(Drama)가 나아갈 방향을 제시했다. 이는 100년 동안 추종했던 프랑스 희곡에 대한 전면적 비판으로 이어지면서, 괴테(J.W. Goethe)와 실러(F. Schiller) 등 독일의 후대의 작가들에게도 큰 영향을 주었다. 또한, 그의 비평은 독일 문단에 큰 자극을 주었고, 당시 보수적인 독단론에 반대하여 종교적 관용과 지적 편견이 없는 진실의 추구를 주장했다.

레싱은 1729년, 독일 작센주 카멘츠에서 그리스도교 목사의 아들로 태어났다. 매우 명망 높은 신학자였던 아버지는 수석 목사라는 직책을 맡고 있었지만, 경제적으로는 몹시 곤란을 겪었다. 어린 시절, 독서에 남다른 관심을 보였던 레싱은 열두 살 때 작센 선제후(選帝侯)가 창립한 학교인 아프라 김나지움에 들어갔다. 이곳에서 재능 있고 열성적인 학생으로 평판을 얻은 그는 그리스어, 히브리어, 라틴어 등에 대한 폭넓은 지식을 습득한다.

"모든 위대한 사람들의 발자취를 보라.
그들이 걸어온 길은 고난과 자기희생의 길이었다.
자기를 희생할 줄 아는 사람만이 위대해질 수 있는 법이다."
-고트홀트 레싱

1746년 가을, 레싱은 라이프치히 대학에서 의학과 신학을 배웠지만, 그의 관심은 문학과 철학, 예술 방면에 있었다. 게다가 그는 재능 있고 활동적인 여배우 카롤리네 노이버의 공연에 매료되기 시작했고, 노이버도 레싱에게 관심을 갖게 되어 초기의 희극 《젊은 학자》를 공연하여 성공을 거두었다. 1748년 초, 그는 라이프치히에서의 연극 활동에 반대하는 부모로 인해 고향으로 돌아가야 했지만, 의학 공부를 한다고 부모를 설득해 라이프치히로 돌아올 수 있었다.

그러나 자신도 채무가 많았음에도 불구하고 노이버 극단의 단원들을 위해 보증을 잘못 섰다가 빚에 쪼들리게 되었다. 마침내

레싱의 초기 작품이자 독일 최초의 시민 비극인 〈사라 심프슨 양〉의 한 장면이다. 이후 레싱은 이 작품을 매끄럽게 다듬어 《에밀리아 갈로티》를 완성했다.

노이버 극단은 해체되었고, 레싱은 채무자들을 피해 베를린으로 갔다. 그는 베를린에서 당시 정평 있는 편집인이자 사촌인 밀리우스에게 일자리를 부탁하였고, 그 후 4년 동안 여러 직업을 전전하면서 저술가로 활동하게 된다.

1755년에는 독일에서 처음으로 시민비극 《사라 심프슨 양》을 발표하여 성공을 거두었다. 그리고 유태인 친구와 함께 평론지 《문학서간》을 창간했다. 이후 레싱은 편집, 발행, 번역, 비평 등을 하느라 매우 바쁜 생활을 보낸다. 1764년, 베를린으로 돌아간 레싱은 1766년에 함부르크 국민극장의 고문으로 취임하였다.

이 극장은 곧 경영 부진으로 파산되었지만, 매호마다 그의 평론을 실은 〈함부르크 연극론〉을 통해 불후의 유산을 후세에 남길 수 있었다. 이 평론집은 《현대문학》에서 밝혀진 입장을 한층 세밀하게 발전시킨 것으로, 독일 근대극에 큰 영향을 끼쳤다.

"그저 감사한 마음을 하늘로 올려보내는 것이야말로 가장 완벽한 기도이다."
-고트홀트 레싱

1770년에는 브라운슈바이크공국의 볼펜뷔텔 도서관장에 취임하여, 생애를 마칠 때까지 그 직에 있었다. 1772년에는 비극《에밀리아 갈로티》를 완성하였다. 레싱은 독일 계몽주의의 완성자인 동시에 독일 문학의 기반을 만들었다. 하지만 정작 자신의 삶은 시련의 연속이었다. 그는 단조로움에서 벗어나고자 떠난 몇 차례의 여행을 제외하고는 외로운 삶을 살았다. 1776년, 오랜 친구였던 한 함부르크 상인의 미망인 에바 쾨니히와 결혼했으나 그녀는 1778년, 출산 중 죽었다. 결국, 그는 말년을 고독과 가난 속에서 살았으며, 1781년에 건강의 악화로 생을 마감하였다.

레싱과 멘델스존_ 레싱은 자신의 작품《현자 나탄》의 주인공으로 음악가 멘델스존의 할아버지 모세 멘델스존을 삼았다. **모리츠 대니얼 오펜하임의 작품.**

독일의 시민 비극 작품

《에밀리아 갈로티 (Emilia Galott)》

《에밀리아 갈로티》는 1772년에 처음 공연된 희곡 작품으로, 로마의 '비르기니아 전설'이 모티브가 되었다. 이 작품은 권력자 곤자가와 시민계급인 에밀리아의 갈등을 다루고 있으며, 결국 에밀리아의 아버지가 딸의 순결을 지키기 위해 에밀리아를 칼로 찔러 죽인다는 내용이다. 시작은 가족 간의 갈등을 축으로 전개되지만, 이후 지배계급과 피지배계급이 대결하는 비극으로 치닫는다. 《에밀리아 갈로티》는 독일 문학사상 최초의 정치적 드라마이다.

"우연이라는 단어는 하나님을 모독하는 말이오.
태양 아래에 우연이란 없소.
적어도 그 의도가 분명히 드러난 것은 우연이 아니오."
-《에밀리아 갈로티》 중에서, 오르시나

이탈리아 구아스탈라의 곤자가 영주는 에밀리아 갈로티라는 여인에게 마음을 빼앗긴다. 에밀리아의 아버지는 오도아르도 갈로티 대령으로, 시민계급에 속했다. 그러나 에밀리아는 신분과 상관없이 무척 아름다운 미모를 가지고 있었다. 곤자가는 에밀리아에게 사랑을 고백하기로 마음먹는다. 하지만 에밀리아는 이미 아피아니 백작과 결혼을 약속한 사이였다. 마침내 곤자가는 에밀리아가 백작과 곧 결혼하게 된다는 사실을 알고 절망과 분노에 빠졌다.

프랑스 태생의 프로이센 궁정화가인 앙투안 페느가 상상하여 그린 에밀리아 갈로티의 초상

이때 그의 심복인 마리넬리가 영주에게 에밀리아를 상품으로 취급하며 빼앗아올 음모를 꾸민다. 이들에게는 에밀리아의 인간적 존엄성은 고려의 대상이 아니었으며, 사람도 그저 판매의 대상으로 간주한 것이다.

> "군주가 인간이어서 수많은 사람의 불행이 초래되는데,
> 그것도 부족하여 악마가 군주의 친구로까지
> 숨어들어야 하는 겁니까?"
> -《에밀리아 갈로티》 중에서, 곤자가

마리넬리는 그의 부하를 강도로 변장시켜 신혼부부의 마차 행렬을 습격해 아피아니 백작을 살해한다. 그리고 영주는 강도 습격 사건을 조사한다는 핑계로 에밀리아를 자신의 별장에 데려간다. 영주는 에밀리아를 온갖 방법으로 유혹하지만, 그는 마음을 주지 않았다. 그러자 영주는 에밀리아에게 누명을 씌워 자기 곁에 묶어두려고 한다.

한편, 딸인 에밀리아를 구하려고 필사적으로 노력하던 오도아

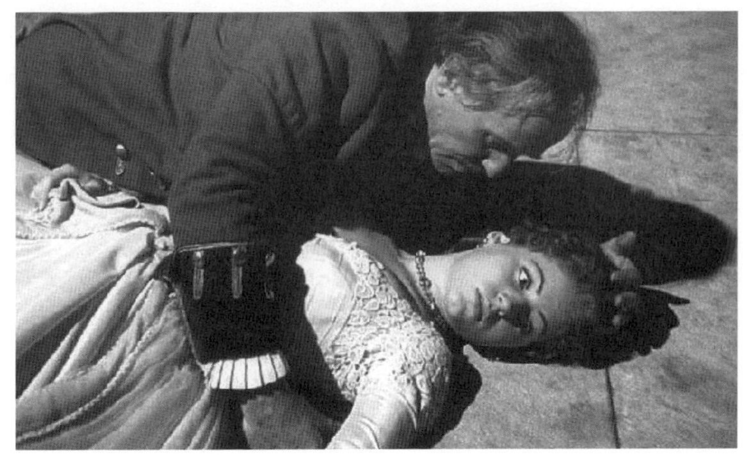

1957년 작 영화 〈에밀리아 갈로티〉에서 에밀리아의 최후를 담은 장면이다.

르도는 영주의 정부인 오르시나를 통해 모든 사실을 알게 되었다. 오도아르도는 에밀리아와 구아스탈라를 떠나 수녀원으로 가려 하지만, 영주는 그녀를 그리말디 재상의 집으로 보내려고 했다. 그곳은 쾌락과 죄악이 넘치는 곳이었다.

에밀리아도 그곳을 잘 알고 있었다. 엄격한 도덕 관념을 지닌 그녀는 자신의 내면에 눌러왔던 본능이 자기 가치관을 배신할까봐 두려웠다. 결국, 그녀는 순결을 지키고자 스스로 아버지의 손에 죽기를 선택한다. 자신의 딸을 칼로 찌르는 순간, 오도아르도는 후회로 몸부림쳤다. 그러자 에밀리아는 숨을 거두면서 마지막으로 아버지에게 위로의 말을 건넨다.

"폭풍이 꽃잎을 떨어뜨리기 전에 장미꽃을 꺾으신 겁니다."

전하께서 에밀리아 갈로티에게 지금까지 고백하지 못하고 미루어 온 것을 이제 아피아니 백작 부인에게 고백하시면 됩니다. 새것으로 사지 못하는 상품을 사람들은 중고품으로 사지요. 그리고 이런 상품들은 대부분 중고품이 훨씬 더 쌉니다.

-《에밀리아 갈로티》 중에서, 마리넬리

폭력! 누군들 폭력에 저항하지 못하겠습니까? 폭력이라고 하는 건 아무것도 아녜요. 유혹이야말로 진짜 폭력입니다. 제 몸에도 피가 흘러요, 아버님. 어느 누구 못지않게 젊고 뜨거운 피가요. 저도 관능이 있답니다. 저는 아무것도 장담할 수 없어요. 아무것도 보장할 수 없어요.

-《에밀리아 갈로티》 중에서, 에밀리아

5. 영국의 시인이자 청교도 사상가

존 밀턴
(John Milton)

"마음은 자기 자신의 터전이니,
그 안에 스스로 지옥을 만들 수도 있고,
천국을 만들 수도 있다."

서양 문학사에서 대표적 시인으로 손꼽히는 존 밀턴이 한 말이다. '신(神)의 부름을 받은 시인'이라고도 불리는 존 밀턴은 〈구약 성경〉에 나오는 '인간의 원죄(原罪)'를 모티브로 삼아 장엄한 문체와 생생한 묘사로 대서사시 《실낙원》을 썼다. 《실낙원》은 고전 서사시의 전통에 기독교적인 사상을 잘 담아낸 작품으로, 고전 문학과 철학, 과학, 종교, 예술이 결합한 17세기 인문학의 결정체다.

존 밀턴은 《실낙원》에 사탄(루시퍼)의 반역과 몰락, 인류 최초의 인간인 아담과 하와의 낙원 추방을 중심으로 신과 인간의 관계, 그리고 사탄의 고뇌와 반항 등의 내용을 풀어놓았다. 즉 모든 인간의 내면에 존재하는 천국과 지옥의 문제를 다룬 것이다. 《실낙원》은 전체 12편으로 구성되었으며, 총 1만 행이 넘는 방대한 분량이다.

단테의 《신곡》과 더불어 최고의 종교 서사시로 꼽히는 《실낙원》은 르네상스 정신과 기독교 사상의 융합이라는 평가를 받는다. 또한, 존 밀턴은 셰익스피어에 버금가는 대시인으로 추앙받으며, 근대 정치와 종교의 사상사에서 중요한 위치를 차지하고 있다.

> "아무것도 모르는 사람까지도,
> 하나님의 형상을 닮은 모든 사람이 태어날 때부터
> 자유로웠다는 사실을 부인할 만큼 어리석지 않다."
> -존 밀턴

존 밀턴의 이탈리아 여행_ 피렌체를 방문한 존 밀턴이 갈릴레오 갈릴레이를 만나는 장면이다. **솔로몬 알렉산더 하트의 작품.**

존 밀턴은 1608년, 영국 런던에서 부유한 공증인의 아들로 태어났다. 청교도 신앙을 지닌 가정에서 자라난 존 밀턴은 어린 시절부터 학문과 문학에 재능과 열정이 있었다. 그는 이미 열여섯 살에 구약 성경 〈시편〉의 일부를 번역했으며, 케임브리지 대학교에 입학한다. 존 밀턴은 스물네 살에 문학석사로 졸업할 때까지 최초의 걸작인 《그리스도 탄생하신 날 아침에》를 비롯해 여러 편의 소네트(Sonnet)를 썼다.

존 밀턴은 한때 성직자가 될 뜻을 품었지만, 곧 진로를 바꾸어 작가가 되기로 마음먹고 신학과 고전 문학 연구에 전념했다. 이후 1638년, 견문을 넓히고자 이탈리아를 여행하며 시인으로서의 소양을 쌓았다. 그러나 영국의 내란 소식을 듣고는 귀국하여 자유를 위한 논쟁에 대한 글을 발표한다. 그는 청교도를 탄압하는 영국 성공회에 대항하여 《영국에서의 교회 규율 개혁》을 썼다.

또한, 이혼의 자유를 주장하는 논문을 네 편 이상 발표했으며, 표현의 자유를 옹호하는 《아레오파지티카(Areopagitica)》를 집필하는 등 당시로써는 급진적인 사상을 펼쳤다. 이후 왕정에 반대하고, 공화정을 도와 올리버 크롬웰(Oliver Cromwell)을 지지했으며, 성서의 실천을 주장하는 청교도 정신에 따라 성서를 연구했다. 이때부터 과로로 인해 시력이 나빠지고, 1650년에 왼쪽 눈을 잃었다가 결국에 두 눈 모두 실명했다.

"소경이 된 것이 비참한 것이 아니라,
소경을 이겨낼 수 없다고 비관하는 것이 비참한 것이다."
–존 밀턴

그러나 존 밀턴은 오히려 실명을 하나님의 뜻으로 여기고 《실낙원》을 집필했다. 그는 오래전부터 기독교 정신을 바탕으로 한 서사시를 쓰겠다는 사명이 있었다. 그리하여 7년의 몰두 끝에 그의 걸작 《실낙원》이 완성되었다. 이 작품으로 존 밀턴은 영국을 비롯해 유럽 각지의 독자들을 사로잡았다. 오늘날까지도 《실낙원》은 성서만큼이나 많이 읽히는 책이다. 이후 1818년, 셸리(Shelley, M. W.)가 쓴 소설 《프랑켄슈타인》 등 다양한 문학작품에서 차용되었다.

실명한 존 밀턴_ 딸의 도움으로 존 밀턴이 《실낙원》을 구술 집필하는 장면이다.

인간의 구원 문제를 다룬 서사시

《실낙원(失樂園)》

《실낙원》은 신과 인간의 관계, 그리고 인간의 구원 문제를 기독교 사상으로 바라본 대서사시이다. 존 밀턴은 《실낙원》에서 신이 창조한 세계에 무질서가 어떻게 침범했는지에 대한 문제를 제시하고 있다. 이 작품은 타락한 대천사 루시퍼가 하나님께 대항하는 이야기와 함께 아담과 하와가 낙원 추방의 징벌을 받는 두 가지 틀로 구성되었다.

"천국에서 노예가 되기보다는 지옥에서 왕자로 군림하리라."
-《실낙원》 중에서, 루시퍼

한때 하늘의 대천사였던 루시퍼는 하나님이 독생자를 후계자로 선포하자 시기심으로 루시퍼를 따르는 천사들과 함께 반역을 일으킨다. 하지만 루시퍼는 패배를 당하고, 하늘에서 쫓겨나 지옥으로 추방된 그는 악의 우두머리 '사탄'이 된다. 사탄은 지옥에 거대한 왕궁처럼 큰 도시인 판데모니움(Pandaemonium)을 세우고, 타락한 천사들인 맘몬(Mammon)과 벨즈버브(Beelzebub), 벨리알(Belial), 몰로크(Moloch)와 함께 반격을 도모한다.

마침내 그들은 하나님의 새로운 창조물인 인간을 파멸시켜 하

판테모니움_ 사탄이 지옥에 세운 왕궁처럼 큰 도시이다.

나님께 복수하기로 다짐한다. 그리고 사탄은 곧바로 지옥에서 벗어나 하나님이 지은 에덴동산에 도착한다. 그런데 에덴동산을 바라보던 사탄은 그 아름다움에 눈물을 흘리며 과거 대천사 시절을 떠올린다. 그는 하나님께 회개하여 용서받을 수 있을지 생각하지만, 다시 인간을 타락시키기 위해 계략을 꾸민다.

"지옥에서 벗어나 광명의 빛에 이르는 길은 멀고도 험난하다."
–《실낙원》 중에서

사탄은 뱀으로 변신하여 먼저 하와에게 다가가 "선악과(善惡果)를 먹으면 하나님과 같은 능력이 생긴다"라고 꼬드긴다. 결국, 사탄의 유혹에 넘어간 하와는 선악과를 먹게 되고, 이어서 아담도

하와가 권한 선악과를 먹는다. 그러자 아담과 하와는 눈이 밝아져 수치심을 느끼고, 정욕(廷辱)에 휩싸인다. 이후 아담과 하와는 서로를 비난하고, 고뇌하기도 한다. 두 사람의 마음에 악(惡)이 들어와 선(善)과 충돌한 것이다.

하나님은 인간에게 주신 행복과 불멸을 거두고, 대신 고통과 죽음을 선고한다. 이에 아담과 하와는 하나님께 죄를 회개하며 용서를 구하지만, 그들은 더 이상 에덴동산에서 살 수가 없었다. 하나님은 천사 미카엘을 보내 아담과 하와를 에덴동산에서 내쫓는다. 절망 속에 울며 에덴동산을 떠나는 그들에게 미카엘 천사가 위로의 말을 전한다.

"그대 안에서 낙원을 찾을 수 있을 것이며,
마음속에서 더 행복함을 찾을 수 있을 것이다."
-《실낙원》 중에서, 미카엘

한편, 지옥으로 돌아온 사탄은 타락 천사들에게 자신이 인간을 타락시킨 이야기를 하며 찬양을 받는다. 바로 그때, 사탄 주위의 타락 천사들이 순식간에 뱀으로 변하고, 사탄 역시 뱀으로 변해버린다. 그들 모두 하나님께 대항한 죄로 징벌을 받은 것이다.

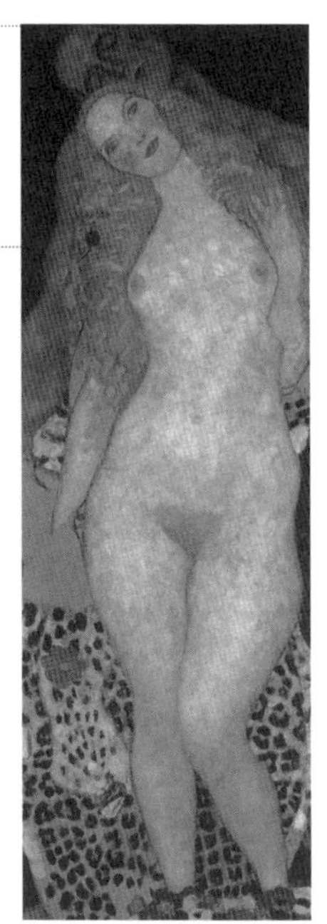
아담과 하와_ 구스타프 클림트의 작품

인간이 저 금지된 나무의 열매를 먹음으로써 이 세상에 죽음이 들어왔고, 한 분 더 위대한 인간이 우리를 회복시켜 저 지극히 복된 자리를 되찾아 주실 때까지, 우리는 에덴을 잃고 온갖 재앙 속에서 살아가야 했으니, 하늘의 뮤즈여, 인간의 저 최초의 불순종에 대해 노래하라.

–《실낙원》 중에서, 도입부

사탄과 이브_ 뱀으로 변신한 사탄이 하와를 유혹하는 장면이다. **윌리엄 블레이크의 작품.**

6. 지식을 위해 일생을 바친 철학자

장 자크 루소
(Jean-Jacques Rousseau)

"인간은 태어날 때는 자유로웠는데,
사회에서는 무수한 쇠사슬에 얽힌 노예가 되었다."

18세기 프랑스의 사상가이자 작가, 교육론자인 장 자크 루소가 한 말로, 오늘날까지 회자 되는 명언이다. 그의 삶과 철학은 인간의 자유와 평등이 전부라 해도 과언이 아니다. 루소의 자유민권(自由民權) 사상은 프랑스 혁명을 주도한 지도자들의 사상적 바탕이 되었으며, 그의 사상을 집약한 작품들은 당대는 물론 후대에 이르기까지 많은 영향을 주었다.

루소는 당대 이성 중심의 사상을 허물고 낭만주의 사상의 탄생에 공헌하였으며, 자유를 역설하고, 대자연의 아름다움을 찬미했다. 또한, 교육의 역할을 강조하면서 지식의 폐해를 강조하였다. 그의 대표작으로는《인간 불평등 기원론》과《사회계약론》,《에밀》,《신 엘로이즈》등이 있다. 그중《에밀》은 19세기 교육학을 거쳐 현대의 교육학의 체계를 이루었으며, 연애소설인《신 엘로이즈》는 19세기 낭만주의의 선구로 일컫는다.

루소는 1712년, 스위스 제네바의 가난한 시계공의 아들로 태어났다. 그는 어머니를 일찍 여의고, 아버지와 함께 살다가 열 살 이후로는 숙부 밑에서 자라났다. 열여섯 살 때 제네바를 떠난 루소는 청년기를 방랑으로 보내다가 바랑 부인을 만났다. 두 사람은 모자(母子)지간 혹은 연인 사이 같은 기묘한 관계였는데, 당시 바랑 부인은 스물아홉살이었다. 이때부터 루소는 문학과 철학을 공부하며 작가로서의 소양을 갖추었다.

루소와 특별한 관계였던 바랑 남작부인의 초상화

"잘못을 저지르는 것을 부끄러워하라.
그러나 잘못을 바로잡는 것은 부끄러워하지 말라."
–장 자크 루소

1742년, 루소는 파리에 정착하는데, 그 계기는 음악이었다. 그는 1730년부터 음악가로서의 성공을 목표로 살았다. 이후 1749년, 드니 디드로가 편찬하던 《백과전서》의 음악 부문을 집필하면서 저술가로 활동을 시작했다. 그리고 1750년, 《과학과 예술론》을 발표한 그는 사상가로서 인정받게 되었다.

그 후 《인간 불평등 기원론》, 《언어기원론》, 《신 엘로이즈》 등 다수를 집필하였다. 이 무렵부터 루소는 당대 진보적인 사상가들과는 견해 차이를 두는데, 특히 《달랑베르에게 보내는 연극에 관한 편지》 이후로 디드로와는 대립각을 세우게 되었다.

루소는 집필에 몰두하여 1762년 자유를 강조한 《사회계약론》을 발표하고, 곧이어 교육 사상을 집약한 《에밀》을 발표했다. 그런데 《에밀》이 출판되자 루소는 파리 고등법원의 체포령을 받는다. 결국, 그는 제네바로 도피하고, 영국으로 갔다가 프랑스로 돌아와 각지를 전전하면서 자전적 작품인 《고백록》을 집필했다.

"사람에게는 세 가지 스승이 있다.
첫째는 대자연, 둘째는 인연, 셋째는 모든 사물이다."
-장 자크 루소

그 후로도 루소는 곳곳을 다니며 다수의 집필을 하다가 1778년, 지라르댕(Girardin) 후작의 영지인 에르므농빌에 머물렀다. 이곳에서 《고독한 산책가의 몽상》을 집필하던 중 이를 완성하지 못하고, 1788년에 생을 마감했다. 그가 죽은 지 11년 후에 프랑스 대혁명이 일어났는데, 이는 루소의 《사회계약론》이 지대한 영향을 끼쳤다.

프랑스의 위인들이 안장되는 '팡테옹'의 모습으로, 루소의 시신도 이곳에 안치되었었다.

루소의 철학을 집약한 소설

《신 엘로이즈(Julie ou NouvelleHeloise)》

루소의《신 엘로이즈》는 여주인공 쥘리와 가정교사 생 프뢰가 주고받는 편지를 매개로 펼쳐지는 작품이다. 두 연인의 사랑 이야기를 시작으로 사회적 의무와 권리, 이상사회 건설을 위한 정치와 경제, 그리고 종교와 교육에 대한 견해 등 루소의 사상을 모두 집약한 서간체 소설이다. 루소는《신 엘로이즈》의 도입부에 다음과 같이 밝혔다.

"대도시는 연극이 필요하며, 타락한 국민에게는 소설이 필요하다.
나는 이 시대의 풍속을 보았기에 이 편지들을 출간했다."

스위스의 도시 브베의 귀족 집안에 쥘리 데탕주라는 여인이 살았다. 그녀는 가정교사 생 프뢰와 연인 사이였다. 그러나 쥘리의 아버지 데탕즈 남작은 생 프뢰의 낮은 신분을 이유로 그들의 사랑을 반대하였다. 쥘리와 생 프뢰는 서로 편지를 주고받으며 정신적인 사랑을 이어나갔다. 쥘리는 생 프뢰를 멀리 보내기도 했지만, 그럴수록 그를 향한 사랑은 깊어갔다.

두 사람의 사랑의 열정은 점점 커졌고, 결국 쥘리는 그에게 몸을 허락한다. 그러나 쥘리의 아버지는 두 사람을 수상히 여겼고,

쥘리는 생 프뢰를 에드워드 경에게 보낸다. 에드워드 경은 자신의 재력과 지위를 이용해 두 사람의 사랑이 이루어질 수 있도록 돕는다. 하지만 쥘리는 부모님을 배신할 수 없었고, 이후 생 프뢰는 파리에서 지냈다.

파리의 사교계를 드나들던 생 프뢰는 쥘리에게 파리의 풍속을 편지로 쓴다. 이에 당황한 쥘리는 그의 편지 어조가 너무 신랄하다며 나무라기도 한다. 그녀는 그에게 초상화를 보내고, 이에 생 프뢰는 황홀해한다. 하지만 그는 외로움과 육체적 욕구로 화류계 여성과 잠자리를 같이 한다.

"남자는 자기가 알고 있는 것을 말하고, 여자는 상대가 기뻐하는 것을 말한다."
-장 자크 루소

한편, 두 사람이 주고받은 편지가 쥘리의 어머니에게 발각되고, 전전긍긍하던 어머니는 지병의 악화로 죽는다. 이에 쥘리는 그 죽음을 자책하며 아버지의 지인 볼마르와 결혼한다. 그녀는 자신의 새로운 처지에 충실하게 살기로 다짐하고, 실연의 고통에 빠진 생 프뢰는 에드워드 경과 세계 일주를 떠났다.

어느덧 4년이 지났고, 두 아이의 엄마가 된 쥘리는 평화로운 삶을 살았다. 그때 세계 일주를 끝낸 생 프뢰가 쥘리의 사촌인 클레르에게 편지를 쓴다. 그는 쥘리에 대한 자신의 사랑은 이제 우정이라고 말한다. 이 사실을 안 쥘리는 볼마르에게 과거를 고백하고, 볼마르는 생 프뢰를 집에 초대한다.

"시간도, 공력(功力)도 지울 수 없는 영원한 인상이 있는 것이오. 상처는 아물어도 그 자국은 남아있다오."

-《신 엘로이즈》 중에서, 생 프뢰

이후 쥘리와 볼마르 부부, 생 프뢰와 클레르는 한 집에서 평화롭게 지냈다. 생 프뢰를 믿게 된 볼마르는 아이들의 가정교사로 삼으려 한다. 하지만 볼마르가 며칠간 집을 떠난 사이 생프뢰와 쥘리는 다시 격렬한 유혹을 느낀다. 과거의 열정이 남아있음을 알게 된 쥘리는 클레르와 생 프뢰를 결혼시키려고 마음먹는다.

그리움_ 떠나간 연인을 그리는 여인의 뒷모습이 마치 쥘리의 마음을 대변하는 듯하다. **장 앙투안 와토의 작품.**

그러나 쥘리가 사고를 당하는 일이 벌어진다. 물에 빠진 아들을 구하려고 물에 뛰어들었다가 병이 들었고, 결국 쥘리는 세상을 떠났다. 그런데 쥘리는 죽기 전에 생 프뢰에게 편지를 남겼다. 두 사람의 사랑은 결코 끝나지 않았던 것이다.

"나는 당신을 기다릴 거예요. 이승에서 우리를 갈라놓은 미덕(美德)은 영원한 나라에서 우리를 맺어 줄 거예요."

-《신 엘로이즈》 중에서, 쥘리

내가 후회하는 것은, 사랑에 너무 많은 것을 바쳤다는 것보다는 사랑의 가장 큰 매력을 상실해 버렸다는 겁니다. 미덕(美德)의 감미로운 환희는 꿈처럼 사라졌어요. 우리의 열정을 정화하는 동시에 활기를 주던 숭고한 열의가 그 열정 속에서 사라졌기 때문이지요. 우리가 쾌락을 추구하자, 행복은 멀리 달아난 거예요.

-《신 엘로이즈》 중에서, 쥘리가 보낸 편지

제4장

자연으로의 회귀

낭만주의

1. 독일의 대문호, **요한 볼프강 폰 괴테**
2. 역사소설의 창시자, **월터 스콧**
3. 낭만주의 문학의 거장, **빅토르 위고**
4. 미국 문학의 위대한 작가, **너새니얼 호손**
5. 영국의 대표적 여류 작가, **제인 오스틴**
6. 영미 문학의 거장, **찰스 디킨스**
7. 추리소설의 창시자, **에드거 앨런 포**
8. 러시아의 국민시인, **알렉산드르 푸시킨**

1. 독일의 대문호

요한 볼프강 폰 괴테

(Johann Wolfgang von Goethe)

"꿈을 품고 뭔가 할 수 있다면, 그것을 시작하라.
새로운 일을 시작하는 용기 속에
당신의 천재성과 능력과 기적이 모두 숨어있다."

독일을 대표하는 낭만주의 작가 괴테가 한 말로, 인생을 살아가는 모든 사람에게 깊은 울림을 주는 명언이다. 괴테는 단테, 셰익스피어와 더불어 '세계 3대 시성(詩聖)'으로 불린다. 그는 《젊은 베르테르의 슬픔》과 《파우스트》 같은 작품을 통해서 인간 내면의 갈등과 번뇌, 고뇌를 절절하게 표현했다.

괴테는 1749년, 독일 프랑크푸르트에서 부유한 집안의 아들로 태어났다. 황실 고문관이었던 아버지와 프랑크푸르트 시장의 딸인 어머니 사이에서 유복하게 자라난 그는 부족할 것 없는 교육을 받을 수 있었다. 어린 시절의 괴테는 라틴어와 그리스어, 프랑스어와 이탈리아어 등 어학에 뛰어났으며, 미술과 음악, 승마 등 고등교육을 받았다.

또한, 고전 문학과 성경을 즐겨 읽었는데, 아버지의 서재에서 2천 권에 달하는 책을 모두 읽을 만큼 독서량이 많았다. 1765년, 괴테는 라이프치히 대학교에 입학해 법학을 공부한다. 하지만 법학보다는 문학에 더 관심을 기울였고, 1770년에 헤르더(J. G. Herder)를 만나 셰익스피어의 작품과 독일 민속시를 접했다.

"이 작품이 오직 자신만을 위해 쓰인 것처럼
느껴지는 시기가 인생에 한 번도 없다면 참으로 불행한 일이다."
-요한 볼프강 폰 괴테

이후 1773년, 괴테는 스물네 살에 희곡 《괴츠 폰 베를리힝겐》을 발표한다. 그런데 이 작품의 등장으로 독일 전역은 논쟁이 벌어진다. 당시 독일의 전통 규범은 프랑스 고전주의 극을 따르는 것인데, 괴테는 영국의 셰익스피어 극을 따라 집필한 것이다. 이후 괴테는 큰 명성을 얻고, '질풍노도 운동(Sturm und Drang)'을 주도하게 되었다.

1774년, 괴테는 첫 소설인 《젊은 베르테르의 슬픔》을 발표하여 더욱 큰 성공을 거둔다. 그런데 소설 속 사랑의 열병에 걸린 베르테르는 괴테 자신이 약혼자가 있는 여인을 사랑했던 경험을 소재로 쓴 것이었다. 이 작품은 독일은 물론 전 유럽에서 폭발적인 인기를 끌었다. 심지어 소설 속 주인공 베르테르처럼 실연당한 남자들의 모방 자살까지 일어나 한때 《젊은 베르테르의 슬픔》은 발매금지가 되었다.

요한 볼프강 폰 괴테의 초상화

프랑크푸르트에 있는 괴테의 생가

"고난이 있을 때마다 그것이
참된 인간이 되어 가는 과정임을 기억해야 한다."
-요한 볼프강 폰 괴테

그렇다면 당시 유럽은 왜 그토록 《젊은 베르테르의 슬픔》에 열광했을까? 그것은 이 작품이 단순한 연애소설이 아닌 당시 사회의 가치관에 근본적인 물음을 던졌기 때문이다. 이성과 지성, 사회적 합리를 중요시하던 계몽주의 시대에 인간의 감성과 욕망은 폄하됐다. 하물며 사랑을 위해 목숨을 버리는 건 용납할 수 없는 일이었다. 괴테는 베르테르를 통해 당시 젊은 지식인의 우울과 열정을 묘사했다.

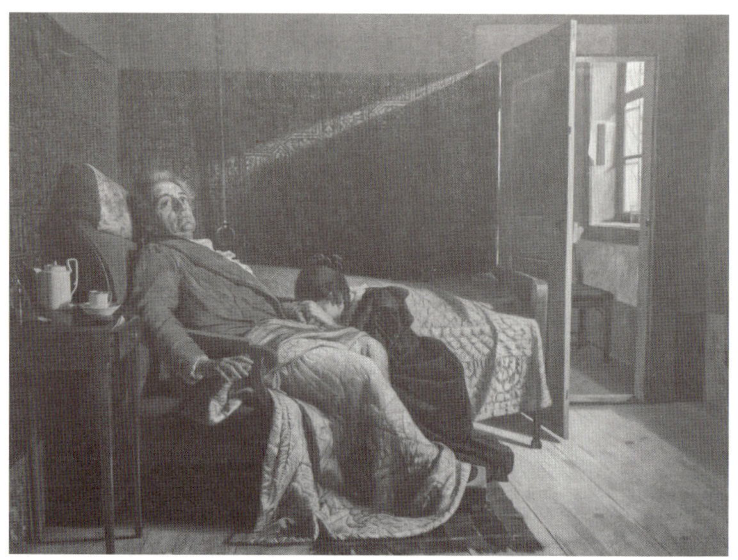

임종 직전의 괴테_ 죽음에 이른 괴테는 '밝은 빛을 보여달라'는 유언을 남겼다.

이후 괴테는 《파우스트》와 《에그몬트》를 집필하기 시작하고, 1775년에는 바이마르에서 공작의 고문이 된다. 그러다가 국정 수행으로 심신이 지친 괴테는 1786년에 이탈리아를 여행한다. 괴테는 이 여행을 계기로 고전주의를 지향하게 되었다. 다시 바이마르로 돌아온 괴테는 《파우스트》 2부를 쓰기 시작한다.

1832년, 마침내 《파우스트》를 완성한 괴테는 심장 발작으로 바이마르의 자택에서 생을 마감한다. 총 네 편의 소설과 다수의 서사시와 서정시, 산문과 시극, 비평과 수기, 그리고 1만여 통의 편지를 남긴 괴테는 독일문화에 지대한 영향을 끼쳤다.

당대 지식인의 고통스러운 고백

《젊은 베르테르의 슬픔》
(The Sorrows of Young Werther)

독일 최초의 세계적인 베스트셀러 소설인《젊은 베르테르의 슬픔》은 결혼한 귀족 유부녀를 열렬히 사랑하다가 끝내 자신의 목숨을 버리는 베르테르의 슬픈 이야기이다. 이 작품은 서간체 소설로, 베르테르가 그의 친구 빌헬름에게 보내는 편지로 시작한다. 괴테는 이 작품에서 당대 불만에 찬 젊은 지식인의 전형을 형상화했다.

"그토록 총명하고, 그토록 순진하고, 그토록 꿋꿋하고,
그토록 마음씨가 곧고, 그토록 착한 그녀.
나는 지금 신께서 베풀어주신 것 같은 행복한 나날을 보내고 있다네."
-《젊은 베르테르의 슬픔》 중에서

유복한 집안에 태어난 법학을 전공하던 베르테르는 시골마을 발하임에 온다. 그는 발하임의 아름다운 자연을 찬미할 만큼 감수성이 뛰어난 청년이었다. 그러던 어느 날, 우연히 간 무도회에서 베르테르는 로테를 만나고, 첫눈에 반해버렸다. 두 사람은 함께 춤을 추고, 베르테르는 행복을 느꼈다. 더욱이 로테의 착한 성품을 알게 되면서 베르테르는 점점 그녀에게 깊게 빠져들었다.

그러나 로테와의 사랑은 이루어질 수 없었다. 로테는 이미 약

혼한 상태로, 그녀에게는 약혼자 알베르토가 있었다. 이 사실을 알게 된 베르테르는 의기소침했지만, 자신의 감정을 숨긴 채 로테를 위해서 알베르토와도 친구가 된다. 하지만 차분한 성격의 알베르토와 감수성이 풍부한 베르테르는 서로 친해지기가 어려웠다.

한편, 시간이 지날수록 로테를 향한 베르테르의 사랑은 깊어졌고, 사랑의 고통에 괴로워하다가 친구 빌헬름에게 편지를 전한다.

"해와 달과 별은 변함없이 자신의 궤도를 돌고 있었지만,
나는 도무지 낮과 밤을 분간할 수 없었네.
내 주위의 세상이 통째로 사라져 버린 것일세."
-《젊은 베르테르의 슬픔》 중에서, 베르테르

빌헬름은 베르테르에게 로테를 잊으라고 말하지만, 베르테르의 머릿속 생각과 다르게 그의 마음은 여전했다. 그러나 로테의 사랑을 얻는 것은 불가능하다고 느낀 베르테르는 여행을 떠나기로 하고, 로테에게 작별을 고한다. 이후 베르테르는 빌헬름이 추천해 준 공사의 비서로 일을 하게 된다. 하지만 비 오는 날이면 로테에게 편지를 쓰며 그녀를 향한 마음이 여전한 것을 보여준다.

결국, 로테를 잊지 못한 베르테르는 다시 그녀를 찾아간다. 하지만 그녀는 이제 결혼한 상태였다. 한동안 서먹하게 지내던 베르테르와 로테는 예전처럼 다정한 사이가 되어 시와 음악으로 서로의 감성을 교류한다. 그러나 알베르토에 대한 베르테르의 질투는 커져만 갔다.

베르테르와 로테_ 로테를 향한 사랑 표현에 거절과 절교를 당한 베르테르는 스스로 죽음을 택한다.

점차 감정의 자제력을 잃어버린 베르테르는 마지막으로 로테를 찾아가서 '오시안의 시'를 낭독한다. 그러고는 격정에 휩싸여 로테에게 키스를 했다. 그러자 이에 놀란 그녀는 크게 화를 내며 베르테르에게 절교를 선언한다.

"나는 스스로 나 자신에게 벌을 주겠습니다.
나는 그 죄의 천국 같은 기쁨을 남김없이 맛보는 동시에
생명의 그윽한 향기와 힘을 내 가슴속 가득히 들이마셨습니다.
당신은 이 순간부터 저의 것입니다! 오오, 로테, 나는 먼저 갑니다."
–《젊은 베르테르의 슬픔》 중에서, 베르테르

로테를 향한 마지막 사랑의 표현까지 거절당한 베르테르, 그는 자신의 사랑은 누구에게도 이해받지 못할 것을 절감한다. 비애(悲哀)에 빠진 베르테르는 하인에게 알베르토의 권총을 빌려오게 한 후, 그 권총으로 머리를 쏴 자살하며 자기의 삶을 마감했다. 베르테르는 죽는 순간에도 로테를 떠올린다. 그는 로테의 행복을 위해 자기 목숨을 바쳐도 상관없다고 생각한 것이다.

우리 인간이란 언제나 자신을 남과 비교하게끔 만들어졌지. 우리의 행복과 불행도 그렇게 상대적이야. 그렇게 보면 세상에 고독만큼 위험한 것도 없지. 혼자 있으면 남들은 다 나보다 낫고 완벽하다고 상상하게 되어있어. 우리에게는 많은 것이 결여되어 있고, 남들은 그걸 다 갖고 있다고 상상하기 쉽지. 그리고 우리가 지니고 있는 것까지 남에게 주어버리지. 그래서 완벽하게 행복한 사람의 모습을 그리지. 실은 우리 자신이 만들어낸 환상일 뿐인데…….

–《젊은 베르테르의 슬픔》 중에서

2. 역사소설의 창시자

월터 스콧
(Walter Scott)

"지나친 휴식은 사람을 녹슬게 만든다."

스코틀랜드가 자랑하는 작가이자 가장 위대한 역사소설가로 추앙받는 월터 스콧이 한 말이다. 그는 '역사소설'이라는 장르를 개척한 선구자로, 흥미로운 역사적 배경 속에 다양한 인물들을 설정하여 작품을 집필하는 능력이 탁월했다.

스콧은 1771년, 스코틀랜드의 에든버러에서 변호사인 아버지와 의학부 교수인 어머니 사이에서 태어났다. 그런데 안타깝게도 그는 생후 일 년 반이 지나 소아마비에 걸렸고, 오른쪽 다리에 장애가 와서 평생을 절름발이로 살았다.

그는 어린 시절부터 친척들이 들려주는 스코틀랜드 지방의 이야기를 즐겨 들었다. 이후로는 시와 역사, 극작 등 방대한 독서와 사색을 즐겼다. 게다가 뛰어난 기억력으로 시를 암송하여 스코틀랜드 출신의 시인 로버트 번스(Robert Burns)의 칭찬을 받기도 했다.

월터 스콧의 동상

"희망은 두려움 속에서 서서히 나타날 때
가장 밝게 빛난다."
-월터 스콧

스콧은 스코틀랜드 지방을 답사하면서 아름다운 자연을 사랑하게 되었고, 스코틀랜드 선조들의 역사적인 투쟁을 깊이 인식했다. 그는 에든버러에서 고등학교 교육을 받았고, 켈소에서 그래머 스쿨을 다녔다. 1786년, 스콧은 변호사 아버지 밑에서 법률에 관련된 일을 배웠다. 하지만 그는 법률공부에는 관심이 없었고, 프랑스어, 독일어, 이탈리아어 등 여러 나라의 언어로 쓰인 책을 읽으며 작가로서의 소양을 쌓았다.

스콧은 1802년, 첫 작품 《스코틀랜드 변경 지방의 민요》를 발표하며 대중들에게 알려졌다. 이후 《마지막 음유 시인의 노래》, 《마미온》, 《호수의 여인》을 발표하며 시인으로서의 명성을 얻는다. 이 무렵부터 스콧은 집필과 사회생활을 했는데, 존 드라이든(John Dryden)과 조너선 스위프트(Jonathan Swift)의 작품 등을 편집했다.

이후 1814년에 《웨이벌리》를 발표하여 성공을 거둔다. 이 작품은 자코뱅 반란의 이야기를 새롭게 해석한 역사소설로, 스콧은 역사적 배경 속에 다양한 인물을 설정하여 이야기를 풀어나가는 재능이 뛰어났다. 그는 《웨이벌리》로 '역사소설의 창시자'라 불리었고, 이때부터 본격적으로 소설을 쓰기 시작했다. 이후로 역사소설이 대중적인 소설 장르 중 하나가 되었다.

스콧 모뉴멘트_의 전경_ 스코틀랜드 에든버러에 세워진 월터 스콧의 기념탑이다.

"참사람이란, 자기의 일신(一身)을 돌보지 않고,
남을 위해 일하는 사람이다."
-월터 스콧

1819년, 스콧은 《아이반호》를 발표했다. 이 작품은 '흑기사'라는 제목으로도 알려져 있는데, 그의 최고 걸작으로 꼽힌다. 《아이반호》는 일반 대중은 물론 상류층에게도 큰 인기를 얻었고, 스코틀랜드를 벗어나 전 유럽과 미국에서도 널리 읽혔다. 또한, 스콧은 유럽과 미국의 소설가들에게 직접적인 영향을 주었다.

스콧은 《아이반호》의 대성공으로 큰돈을 벌었지만, 1826년에 공동 경영하던 출판사가 파산하면서 채무를 떠맡는다. 그는 빚을 갚기 위해서라도 계속 작품을 써야 했다. 하지만 무리한 작품 활동으로 건강이 나빠졌다. 결국에는 1832년, 스코틀랜드의 애버츠퍼드의 자택에서 숨을 거둔다.

중세 기사도를 찬양한 소설

《아이반호 (Ivanhoe)》

바이킹의 일파인 색슨족은 6세기부터 영국의 원주민을 정복하고 영국을 지배했으나, 1066년 프랑스에서 침입한 노르만족에게 패하여 피지배계급으로 전락했다. 이후 색슨족과 노르만족의 대립은 계속되고, 영국의 평화와 안정은 불가능해 보였다. 스콧은 이러한 역사적 배경을 바탕으로 《아이반호》를 집필했으며, 노르만족에 대한 색슨족의 저항과 기백을 생동감 있게 묘사했다.

"나는 내 야심을 성전 기사단에게,
내 탐욕은 수도자들에게,
그리고 내 쾌락은 고위 성직자에게 맡긴다."
-'사자왕' 리처드 1세

12세기의 영국은 노르만족 귀족들에 의해 색슨족 귀족들의 입지가 위축된 상황이다. 색슨족 귀족인 세드릭은 자신이 돌보는 로웨나 공주를 통해 색슨족의 부활을 꿈꿨다. 이때 영국의 사자왕(Lionheart) 리처드는 십자군 전쟁에 나섰고, 그의 동생인 존 왕자가 섭정을 했다. 그러나 존 왕자는 왕위를 찬탈하려는 음모를 꾸미고 있었다.

존 왕자는 색슨족의 기상을 꺾으려고 마상 무술 시합을 열었다.

흑기사_ 주군과 명확한 주종 관계를 맺지 않은 기사이다. 대부분의 기사는 방패와 갑옷에 자신의 가문과 출신을 나타내는 문장을 표시했지만, 흑기사는 아무 문장 없이 검은색 먹칠을 해 놓았다.

무술 시합의 첫날, 개인 대결에서 무명의 기사가 존 왕자 수하의 기사들을 모두 이겼다. 그런데 승리한 기사는 자신의 얼굴도, 이름도 밝히지 않았다.

> "'흑기사'는 오늘날 위기에 처한 사람을
> 도와주는 사람을 일컬어 말하는 용어로
> 《아이반호》에서 유래되었다."
>
> -《잡학상식》 중에서

이튿날, 단체 시합에서는 노르만족 기사들과 색슨족 기사들이 대결한다. 그런데 무명의 기사가 집중 공격을 받아 위험해지자 검은 갑옷을 입은 흑기사가 그를 도와 전세를 역전시키고는 사라졌다. 무명의 기사가 승리의 면류관을 쓰려고 투구를 벗자 세드릭의 아들 아이반호였다. 그는 리처드 왕을 섬긴다는 이유로 아버지 세드릭에게 쫓겨났었다.

한편, 경기에서 크게 부상을 당한 아이반호는 아이작의 딸 레베카의 응급처치로 살아났다. 그러나 은신처로 가던 중에 노르만족 기사와 그 부하들에게 납치돼 어느 성에 감금됐다.

"일어나고, 또 일어나라! 양이 사자가 될 때까지."
-《아이반호》 중에서, 로빈 록슬리

이 사실을 알게 된 로빈 록슬리(로빈 후드)와 일당들은 흑기사와 합세하여 아이반호와 레베카를 구출했다. 하지만 레베카는 부아길베르에 의해서 템플기사단의 사원으로 납치되어 마녀로 몰려 화형 선고를 받는다. 그러나 아이반호가 부아길베르와의 결투에서 이기면서 그녀를 구출했다.

또한, 색슨족을 위험에서 구한 흑기사는 바로 리처드 왕이었다. 그는 자기 신분을 감추고 국내 정세를 살피던 중이었고, 이 일을 계기로 색슨족의 상황도 이해하게 되었다. 마침내 리처드는 왕좌를 되찾았다. 그 후로 색슨족도 리처드를 왕으로 받들게 되었다.

아이반호_ 무술 시합에서 승리한 아이반호가 승리의 관을 쓰는 모습이다. **요하네스 게르트의 작품.**

기사들은 죽어 한 줌 흙이 되고, 그들의 명검은 녹슬고, 그들의 영혼은 천국에 있으리라 믿네. 전투욕은 우리가 먹는 음식이오. 교전의 먼지는 우리의 생명력이오. 우리는 살 수 없소. 살고 싶지도 않소. 승리를 거두고 이름을 떨치지 않는다면, (중략) 바로 그런 것이 우리가 맹세하고, 우리가 소중하다고 생각하는 모든 것을 기꺼이 바치는 기사도라는 거요.

–《아이반호》 중에서

로빈 후드_ 영국 민담에 등장하는 가공의 인물로, 《아이반호》에서는 리처드 왕으로부터 "무법자의 왕이자, 선량한 사람들의 공작"이라 불린다.

3. 낭만주의 문학의 거장

빅토르 위고

(Victor Hugo)

"인생에서 최고의 행복은,
우리가 사랑을 받고 있다는 확신이다."

19세기 프랑스 낭만주의를 대표하는 작가이자 만년에는 저명한 정치가였던 빅토르 위고가 한 말이다. 방대한 작품을 남긴 그는 작품별로 다양한 인간 군상을 사실적으로 묘사했다. 특히 약자에 대한 연민과 박애(博愛)를 바탕으로, 가난한 사람과 억압받는 사람을 작품 속에 다루었다. 위고의 이러한 사상은 온 국민의 추앙을 받았으며, 그는 오늘날까지 프랑스의 가장 위대하고 대중적인 작가로 불리고 있다.

빅토르 위고의 작품들은 대부분 대중적인 성공을 거두었다. 그의 대표적인 작품으로《레 미제라블》,《노트르담의 꼽추》그리고 '숨겨진 명작'이라 평가받는《웃는 남자》가 있다.
그중《웃는 남자》에 대해 위고 스스로 자평하기를 "나는 이 이상의 위대한 작품을 쓰지 못했다"라고 말했다.

빅토르 위고의 흉상_ 오귀스트 로댕의 작품.

빅토르 위고는 1802년, 프랑스 동부의 브장송에서 태어났다. 그의 아버지는 나폴레옹파의 군인이었고, 어머니는 왕당파 집안의 여인이었다. 위고는 열 살 때 코르디에 기숙학교에 입학 후 독서와 시 창작에 빠졌는데, 이때부터 문학적 재능을 보였다. 이후 아버지의 바람대로 대학에 진학해 법학을 공부했지만, 그는 여전히 시작(詩作)에 몰두했다.

"'미래'는 여러 가지 이름을 가지고 있다.
약한 자에게는 '불가능'이고, 겁 많은 자에게는 '미지'이며,
용기 있는 자에게는 '기회'이다."
-빅토르 위고

위고는 1822년, 스무 살에 첫 시집 《오데와 잡영집》을 발표하면서 본격적으로 '문학의 길'을 택했다. 젊은 시절의 그는 보수주의적 성향을 띠었는데, 왕정복고를 찬미하거나 가톨릭적인 색채가 짙은 작품들을 발표했다. 이후 정치 상황의 변화로 그의 정치성과 작품들도 점점 변하였다.

1827년, 그는 희곡 《크롬웰》을 발표하며 고전주의에 맞섰고, 1830년에 초연한 희곡 〈에르나니〉로 낭만주의가 문단을 하기 시작했다. 이후 1831년에 위고는 《파리의 노트르담》을 발표해 큰 성공을 이루고, 작가로서의 명성을 얻는다. 이 작품으로 그는 자유주의자로 변모했으며, 민중 작가의 반열에 올랐다.

위고는 1843년부터 10여 년간 집필을 중단하고 정치 활동에 전

코제트의 초상화_ 《레 미제라블》에서 코제트가 마당을 쓰는 모습으로, 프랑스 삼색기와 겹쳐 새롭게 만든 일러스트이다. **에밀 바야르의 작품.**

념했다. 1848년, 그는 2월 혁명으로 새로 수립된 입헌의회의 의원에 당선된다. 이후 1851년, 루이 나폴레옹의 전제 군주적인 행보를 비판한 그는 반정부 인사로 몰려 국외로 추방당한다. 그는 벨기에와 영국의 저지 섬 등을 전전하면서도 루이 나폴레옹 제정을 반대하는 운동을 계속했다.

"궁핍은 영혼과 정신을 낳고, 불행은 위대한 인물을 낳는다."
-빅토르 위고

1859년, 위고는 사면을 받았으나 이를 거부하고, 다시 집필을 시작했다. 그는 《레 미제라블》 집필에 착수했으며, 망명 기간에 《정관 시집》, 《웃는 남자》 등을 집필했다. 1870년, 루이 나폴레옹의 몰락으로 위고는 파리로 돌아왔다. 그는 공화주의 옹호자로서 민중의 열렬한 환호를 받았다.

위고는 공화정부에서 다시 의원이 되었지만, 새로운 정부에도 실망해 의원직을 사퇴했다. 그는 말년에 저지 섬에 머물면서 《90년》을 집필했고, 1876년에는 다시 의원으로 선출되어 활발한 활동을 했다. 이후 1885년, 폐렴으로 세상을 떠났다. 그의 장례는 국장(國葬)으로 치렀으며, 시신은 프랑스 국립묘지에 안치되었다.

웃음과 고통이 공존하는 얼굴

《웃는 남자 (The Man Who Laughs)》

《웃는 남자》는 17세기의 영국이 배경이다. 당시 영국은 소수 권력층의 독재로 민중들은 비참한 삶을 살았다. 《웃는 남자》의 주인공 그윈플렌은 기형적인 얼굴을 지닌 광대로, 어떻게 세상을 견디는가를 보여주는 인물이다. 즉 그윈플렌은 당시의 처참한 시대를 나타내는 사회상이라고 할 수 있다. 시대를 살펴보는 통찰력이 있었던 위고는 이 작품으로 당시 사회를 지배하던 귀족 세력과 종교계를 비판했다.

"즐거운 시대를 웃으며 산다면 희극이겠지만,
잔인한 시대를 웃으며 살아야 하니,
그 시대는 영락없는 비극이었다."
–《웃는 남자》 중에서

1690년 영국, 당시에는 콤프라치스라는 인신매매단이 있었다. 이들은 어린아이들을 납치해 인위적인 기형으로 만들어서 특이 성향을 지닌 변태 귀족들에게 팔아버리는 악한 집단이었다. 소년 그윈플렌은 그들에 의해 기이하게 찢긴 입을 갖게 되어 평생 웃을 수밖에 없는 얼굴로 살아간다.

콤프라치스의 악행이 극에 달하자 영국 정부는 그들을 척결하기 시작했다. 이에 영국을 탈출하던 콤프라치스는 그윈플렌을 버리고 떠난다. 맨발로 눈 속을 걸으며 살길을 찾아 나선 그윈플렌은 얼어 죽은 엄마의 품에 안긴 갓난아이를 구한다. 그리고 늑대 호모와 함께 떠도는 약장수 우르수스를 만나 도움받는다. 우르수스는 두 아이를 거두고, 유랑극단을 꾸렸다.

> "그는 웃으며 사람들을 웃겼다.
> 하지만 그는 웃지 않았다.
> 그의 얼굴이 웃었을 뿐, 그의 생각은 웃지 않았다."
> -《웃는 남자》 중에서

10년 후, 우르수스는 '웃는 얼굴'을 가진 그윈플렌 덕에 성공적인 공연을 벌일 수 있었다. 그들은 곧 전국을 돌아다니며 순회공연을 했다. 그리고 10년 전의 갓난아이는 데미안이라는 눈먼 여자아이로, 그윈플렌과 서로 사랑하는 연인이다. 두 사람은 서로의 결핍을 채워주는 존재였다.

기이한 입을 가진 그윈플렌은 유럽 전역에서 가장 유명한 광대가 되었다. 그런데 그의 공연을 본 조시언 공작은 그의 묘한 매력에 빠져 그윈플렌에게 구애를 한다. 생애 처음으로 귀족 여인에게 구애를 받은 그윈플렌은 잠시 마음이 흔들렸지만, 다시 마음을 다잡고 공연을 준비한다.

그러던 중 생각지도 못한 일이 벌어진다. 갑자기 경찰이 그윈플렌을 체포해 끌고 갔다. 그 후 그윈플렌은 자신이 귀족 출신임

위고의 《웃는 남자》는 후대에 연극과 영화 등에서 재현되었다. 특히 그윈플렌의 캐릭터는 영화 〈배트맨〉 속 '조커'의 모티브가 되었다.

을 알게 되고, 그의 신분도 천민에서 귀족으로 변했다. 그는 평생 써도 남을 돈을 상속받아 호화로운 생활을 했으며, 우르수스와 데미안과는 멀어진다.

"어느 한쪽의 운명의 문이 열리면, 다른 한쪽의 운명의 문은 닫힌다."
-《웃는 남자》 중에서

얼마 후, 귀족의 신분으로 의회에 참석한 그윈플렌은 서민들을 위한 정치를 촉구하며 자신의 의견을 피력한다. 그러나 의원들은 그윈플렌의 '웃는 얼굴' 때문에 그의 행동을 광대 짓으로 치부하며 비웃는다. 결국, 이처럼 불공평하고 말도 안 되는 세상에 환멸을 느낀 그윈플렌은 사랑하는 데미안과 자신을 기다리던 우르수스의 곁으로 돌아갔다.

저의 얼굴에 있는 웃음을 만들어 준 사람은 어느 왕입니다. 이 웃음은 온 세상을 덮는 절망을 상징합니다. 이 웃음은 증오와 강제된 침묵, 강렬한 노기와 절망을 의미합니다. 이 웃음은 고문이 만들어 낸 산물입니다. 이 웃음은 세력의 웃음입니다. 사탄에게 이 웃음이 있다면 신(神)을 단죄했을 것입니다. 그러나 영원한 것은 소멸되는 것들과 다릅니다. 절대적이므로 정의롭습니다. 그래서 신은 왕들의 행위를 증오합니다!

-《웃는 남자》 중에서

1924년 작 영화 〈웃는 남자〉의 한 장면으로, 기이한 입을 가진 그윈플렌과 눈먼 소녀 데미안의 모습이다.

4. 미국 문학의 위대한 작가

너새니얼 호손
(Nathaniel Hawthorne)

"모든 사람은 자신이 선택했든, 선택하지 않았든, 이 세상에서 그들만의 자리가 있고, 그들 나름대로 중요한 역할을 하고 있다."

미국 문학의 위대한 작가 너새니얼 호손이 한 말이다. 그는 19세기 미국 사회의 모습을 작품 속에 생생하게 담아내어 미국 소설을 창시한 주역으로 불린다. 특히 청교도주의(Puritanism)를 바탕으로 인간 내면의 어두움과 죄악의 문제에 깊은 통찰이 있었던 호손은, 섬세하고 복잡한 심리 묘사와 함께 우의적(寓意的)이며 상징적인 이야기를 잘 표현했다.

호손은 인간의 공통된 죄를 은폐하려는 사회의 위선과 편협을 증오했으며, 인간적인 만족과 쾌락을 금하는 금욕적인 생각에도 반발하였다. 또한, 호손은 누구나 저지를 수 있는 공통적인 죄를 저지른 인간이 위선적인 종교와 신앙에 의하여 냉혹한 비판을 받는 것에 분개하고, 스스로 그들의 죄를 나누어지려 했다.

이는 호손의 고조부가 마녀재판의 판사로 일할 때, 청교도들이 일부 주민들을 마녀로 몰아세워 처형하거나 고문으로 죽인 사건이 그의 마음 한구석에 자리 잡고 있었기 때문이다. 그의 대표작인 《주홍글씨》를 비롯한 여러 단편에는 죄악에 빠진 사람들의 내면을 도덕과 종교, 그리고 심리의 세 가지 측면에서 엄밀하게 묘사했다.

> "누구도 계속해서 상대방에 따라 얼굴을 바꿔가며 살아갈 수 없다. 결국에는 어떤 얼굴이 진짜 나인지 혼란에 빠지고 말 테니까."
> -너새니얼 호손

너새니얼 호손은 1804년 미국 매사추세츠주 세일럼에서 태어났다. 그의 집안은 영국 식민지 개척단의 일원으로, 대대로 교육 수준이 높고 신실한 청교도 집안이었다. 호손은 열일곱 살에 보든 대학교에 입학했다. 학업은 그리 뛰어나지 않았지만, 장차 영국 문학에 비견될만한 미국 문학을 창조하겠다는 야망으로 열심히 글을 썼다. 또한, 호손은 대학 재학 중에 시인 롱펠로(H.W. Longfellow)와 훗날 미국의 제14대 대통령이 되는 프랭클린 피어스(Franklin Pierce)와 친구가 된다.

1825년, 대학을 졸업한 호손은 세일럼으로 돌아왔다. 그는 낮에는 글을 쓰거나 책을 읽고, 밤이 되면 마을을 산책했다. 1828년, 첫 소설인 《팬쇼》를 익명으로 자비 출판한 호손은, 이 작품이 부끄러웠는지 모두 회수해서 폐기했다. 그는 한동안 단편에 몰두했는데, 1838년까지 44편의 단편과 소품들을 발표했다. 이후 기존에 발표한 단편 작품 중에서 18편을 추려 《다시 듣는 이야기들》이라는 단편집을 출판했다. 이 작품으로 호손은 작가로서 조금씩 주목받기 시작했다.

1842년, 호손은 소피아 파바디와 결혼했다. 그들은 콩코드에 있는 에머슨 소유의 구 목사관에서 초라하게 생활을 시작했지만, 행복한 생활이었다. 소피아는 호손의 집필에 격려와 비판을 아끼지 않았다. 부인의 세심한 배려에 힘입은 호손은 첫 번째 작품을 발표했는데, 이 작품이 바로 엄격한 청교도 사회의 모습과 17세기 미국 청교도들의 위선을 묘사한 그의 대표작 《주홍글씨》다. 이 작품은 청교도적인 미국 고전의 전형이 되었다.

너새니얼 호손의 초상_ 호손은 생활고에 시달리면서도 아내의 격려에 힘을 내어 집필에 매진하여 그의 걸작 《주홍글씨》를 발표했다.

소피아 파바디의 초상_ 호손의 아내 소피아는 가난한 결혼생활에도 불구하고 남편 호손을 내조한 든든한 지원자였다.

"행복은 나비와도 같다.
쫓아가도 항상 붙잡을 수 없는 곳에 있지만,
만약 당신이 조용히 앉아 있으면 당신에게 내려앉을지도 모른다."
-너새니얼 호손

1853년, 친구 피어스가 대통령에 출마하자 호손은 그를 위해《피어스 전》을 썼다. 피어스는 대통령에 당선되고, 그는 피어스에 의해 리버풀 영사로 임명되었다. 호손은 가족과 함께 영국으로 건너갔다. 이후 1857년 8월, 영사직을 사임한 그는 유럽 각지를 여행한 후 1860년에 귀국하여 1864년까지 웨이사이드에 정착하면서 다시 집필을 시작했다.

또한, 이탈리아 여행을 바탕으로 쓴《대리석 목양신》을 마지막으로 발표하였다. 그러나 점점 창작력과 건강이 쇠퇴하였고, 1864년 5월에 휴양차 친구 피어스와 함께 뉴잉글랜드로 여행을 갔다가 여행 도중에 플리머스에서 생을 마감했다.

미국 매사추세츠주 콩코드 마을의 슬리피 할로우에 있는 호손의 가족묘

죄와 양심의 이야기

《주홍글씨 (The Scarlet Letter)》

너새니얼 호손의 《주홍글씨》는 청교도들이 살던 뉴잉글랜드의 한 마을에서 남편과 떨어져 사는 동안 사생아를 낳은 젊은 기혼 여성 헤스터 프린의 이야기를 담은 작품이다. 호손은 작품 속 등장하는 각 인물을 통해서 죄의 문제와 그 죄를 해결하는 구원의 길을 제시하였다. 《주홍글씨》는 19세기 미국의 청교도주의 사회를 과감히 묘사한 역사소설로도 평가받는다.

"사람들은 본능적으로 나쁜 사람과 자신을 분리하려고 한다."
-《주홍글씨》 중에서

미국 보스턴의 한 감옥소 앞 광장에 주민들이 모여 있었다. 그들은 간통죄를 저지른 헤스터 프린이란 여인이 벌을 받는 것을 보기 위해 모여든 사람들이었다. 곧 감옥문이 열리고 헤스터 프린이 사생아 딸인 펄을 안은 채 끌려 나왔다. 그녀의 판결은 죄인의 표시로 가슴에 주홍색으로 된 'A(Adultery, 간통)'라는 표지를 달고 사는 것과 광장 처형대에서 3시간 동안 자신의 불륜을 주민들에게 공개하는 것이었다.

영국 출신인 헤스터 프린은 몰락한 가문의 사람인데, 아버지의

영국 출신인 헤스터 프린은 몰락한 가문의 사람인데, 아버지의 권유로 의사 남편과 결혼을 했다. 이후 헤스터가 먼저 미국에 왔으나 남편은 오랫동안 미국에 오지 않았고, 혼자 살아가던 중에 마을의 목사인 딤스데일과 간통을 저지른 것이다. 그런데 헤스터가 광장의 처형대에 있을 때 뒤늦게 유럽에서 건너온 의사 남편은 이 든 광경을 목격했다.

헤스터 프린_ 간통죄를 상징하는 주홍글씨 'A'를 가슴에 표시한 헤스터의 모습으로, 사생아 딸인 펄을 안고 있다. **위그 메를의 작품**

남편은 헤스터가 펄의 친아버지를 밝히지 않으니, 아무에게도 그녀의 남편인 자신의 정체를 밝히지 말라고 한다. 이후로 그는 로저 칠링워드라는 가명으로 자신의 정체를 숨긴다. 이후 헤스터는 온갖 질타를 받지만, 삯바느질로 생계를 유지하며 딸인 펄을 정성껏 키운다.

"우리가 세상에서 가장 악한 죄인은 아닌 것 같소.
부도덕한 목사보다도 더 악한 죄가 있으니 말이요.
칠링워드의 복수는 내 죄보다도 더 악하오.
그 자는 인간의 마음의 거룩함을 마치 냉혈인처럼 모독한 것이오."

-《주홍글씨》 중에서, 딤스데일

한편, 딤스데일 목사는 줄곧 죄의식에 시달렸고, 칠링워드는 목사가 헤스터의 정부(情夫)라는 사실을 알고 그를 괴롭혔다. 또한, 헤스터는 처벌 이후로 많은 선행을 베풀면서 사람들에게 좋은 평판을 받는다. 어느덧 7년의 세월이 흐르고, 헤스터와 딤스데일 목사는 유럽에 가서 새 삶을 살기로 한다. 그러나 칠링워드에 의해 실패한다.

어느 날, 마을에 새 지도자를 맞는 축제가 열렸다. 딤즈데일 목사의 취임식 축하 설교가 시작되고, 사람들은 깊은 감명을 받는다. 설교가 끝나고, 목사는 극도로 쇠약해진 몸을 이끌고 연회장으로 가던 중 헤스터와 펄을 만난다.

"두고두고 당신의 죄를 이해할 수 있는 사람은,
바로 당신과 함께 죄를 저지른 저예요."
-《주홍글씨》 중에서, 헤스터

순간 목사는 참회하는 마음으로 용기를 내어 헤스터와 펄의 손을 잡고 교수대에 오른다. 그리고 주민들을 향해 자기 죄를 고백하고, 헤스터의 품에서 죽는다. 그 후 칠링워스도 숨지고, 유언으로 펄에게 큰 재산을 남긴다. 이후 헤스터와 펄은 영국으로 갔다.

세월이 흘러 헤스터가 집으로 돌아왔다. 그리고 예전처럼 주홍 글씨를 달고, 불행한 사람들의 고통을 덜어 주는 일에 헌신한다. 이후 헤스터도 세상을 떠나고, 딤스데일의 묘지 옆에 나란히 묻힌다. 두 무덤 사이에는 하나의 묘비가 세워졌고, 짧은 문구가 새겨져 있었다. 검은 바탕에 주홍 글씨 'A'.

자기를 쳐다보는 사람들의 시선을 마땅히 겪어야 할 고행이려니, 참고 견디어야 할 종교려니 하고 7년이라는 긴 세월 동안 참고 견디던 그녀가 이 괴로움을 승리로 바꾸려고 마지막으로 단 한번만 더 자진해서 고행을 맞이했다는 것은 있을 법한 일이었다.

-《주홍글씨》 중에서

‘조금만 있으면 그녀는 당신들의 손이 미치지 못하는 곳으로 갑니다. 몇 시간 후에는 당신네들이 그녀의 가슴속에서 불타게 만들었던 주홍글씨를 저 깊고 신비한 바다가 영원히 감추어버릴 겁니다.’ 자신의 인생과 깊이 얽혔던 고뇌로부터 해방되려던 순간에 그녀의 마음이 조금은 서운함을 느꼈으리라는 추측이 인간성에 아주 어긋나는 추측은 아니었으리라.

-《주홍글씨》 중에서

5. 영국의 대표적 여류 작가

제인 오스틴

(Jane Austen)

"감각이 근본이 되는 모든 능력에 있어 우수성은 남성과 여성 사이에 상당히 공평하게 나뉘어 있다."

영국의 근대문학을 대표하는 여류 작가 제인 오스틴이 한 말이다. 그녀는 당시 남성우월주의 사회에서도 여성과 남성은 같은 능력을 지니고 있다고 말했다. 제인 오스틴은 주로 남성과 여성의 관계, 그리고 결혼을 소재로 작품을 집필했는데, 이는 그녀 자신을 포함해 당시 여성이 처한 현실과 연결된 활동이라는 것을 알 수 있다.

제인 오스틴은 사랑과 결혼에 대한 깊은 통찰력이 있었다. 특히 그녀는 미혼 여성이 겪는 사회적 제약과 경제적 어려움 등 현실적인 문제들을 직시하였다. 그녀는 자신의 대표작《오만과 편견》에서 당대 결혼관을 둘러싼 물질 지향적 세태와 허위의식을 풍자했다. 이 작품으로 그녀는 세계적인 작가의 반열에 올랐으며, 셰익스피어와 함께 영국인들의 사랑을 가장 많이 받는 작가라고 불렸다. 또한,《오만과 편견》을 비롯한 그녀의 작품들은 오늘날까지 전 세계 많은 사람에게 공감과 사랑을 받아 다양한 분야에서 재창조되고 있다.

"이성이 비옥한 토양이 되어줄 때,
감성은 사랑의 꽃을 피운다."
–《이성과 감성》 중에서, 제인 오스틴

제인 오스틴은 1775년 영국 햄프셔주의 스티븐턴에서 가난한 목사 집안의 8남매 중 막내로 태어났다. 그녀는 어려운 가정형편과 여성의 교육이 제한된 시대 탓에 2년 동안 기숙학교를 다닌 것 외에는 제대로 된 정규 교육을 받지 못했다. 하지만 문학적인 집안 분위기와 아버지의 폭넓은 독서 교육을 받으며 자라났다.

제인 오스틴은 열두 살 때부터 습작을 시작했고, 열여섯 살에 희곡을 쓰기 시작했다. 그러나 그녀는 홀로 시간을 보낼 수 있

제인 오스틴의 인생과 작품, 사랑 이야기를 재구성한 영화 〈비커밍제인(Becoming Jane)〉의 한 장면이다.

는 독립적인 서재가 없어서 공동 거실에서 집필 작업을 했고, 누군가의 인기척이 들리면 쓰고 있던 종이를 숨기곤 했다. 그녀는 1795년 《엘리너와 메리엔》을 완성했다. 후에 이 작품은 개작되어 《이성과 감성》으로 발표되었다.

1796년 제인 오스틴은 결혼 직전까지 갔으나 남자 집안의 반대로 무산되었고, 이후 《첫인상》을 집필했다. 그러나 출판을 거절당하고 다시 작품을 개작했다. 바로 이 소설이 《오만과 편견》이다.

"설득당한다는 것은 그 사람의 눈으로 세계를 보는 것이고,
결국 두 사람이 한 세계를 함께 소유하는 것이다."
–《설득》 중에서, 제인 오스틴

제인 오스틴이 살던 당시의 여성은 돈을 벌기 위한 경제 활동을 할 수 없었다. 일도, 기회도 거의 없었으며, 미혼 여성들은 결혼하는 방법 말고는 없었다. 제인 오스틴은 작가로서 자립하여 이런 상황을 벗어나고 싶었지만, 현실은 녹록하지 않았다. 1805년 아버지가 돌아가신 후 어머니와 함께 여러 집을 전전하던 그녀는 1809년 햄프셔주의 초턴에 정착한다.

이후 집필에 매진해 네 편의 소설 《이성과 감성》, 《오만과 편견》, 《맨스필드 파크》, 《엠마》를 출간한다. 이 작품들은 모두 호평을 받았고, 제인 오스틴은 작가로서의 명성은 물론 자립하여 살 수 있는 경제적인 자산도 얻을 수 있었다. 그녀는 익명으로 작품을 발표했고, 오빠 헨리가 출판사와 연락을 했다.

이후 제인 오스틴은 작가로서 집필을 이어나갔지만, 마흔 살이 되던 1816년부터 건강이 나빠졌다. 급기야 1817년에는 요양을 위해 윈체스터로 옮겼으나 병세는 깊어졌고, 결국 마흔두 살의 이른 나이로 생을 마감했다. 제인 오스틴은 평생 독신으로 살았으며, 그녀의 시신은 영국 윈체스터 성당에 안치되었다.

제인 오스틴의 초상화_ 제인 오스틴의 언니 카산드라가 그린 소묘를 유화로 표현한 작품이다.

시대를 초월한 사랑

《오만과 편견 (Pride and Prejudice)》

세기의 연애소설로 꼽히는 《오만과 편견》은 사랑과 결혼을 중심으로 19세기 영국의 사회상을 생생하게 표현한 작품이다. 제인 오스틴은 엘리자베스와 다아시가 결혼에 이르는 과정을 통해서 연인 사이에 오만과 편견이 어떻게 작용하는지를 보여준다. 이 작품은 여성과 남성이 겪는 여러 갈등을 보여주지만, 진정 필요한 것은 진실한 사랑이라는 것을 말하고 있다

"상당한 재력가인 독신 남성에게
반드시 아내가 있어야 한다는 것은
보편적으로 인정되는 진리이다."
–《오만과 편견》 중에서, 도입부

19세기 초, 영국 남부의 시골마을인 롱본에 베넷 가문이 살았다. 베넷가는 딸만 다섯이 있었는데, 베넷 부인은 혼기가 찬 딸들을 빨리 좋은 가문의 청년과 결혼시키고 싶었다. 때마침 이웃 마을 네더필드에 귀족 가문의 젊은 신사인 빙리가 이사를 왔다. 이에 베넷 부인은 빙리에게 딸을 시집보내고 싶은 마음이 들었다.

그러던 어느 날, 빙리는 친구 다아시와 무도회에 참석하는데, 사교성이 좋은 빙리와 달리 다아시는 소극적인 성격이었다. 빙리

엘리자베스와 다아시_ 두 사람이 체스를 두는 장면으로, 여유로운 엘리자베스와 쩔쩔매고 있는 다아시의 대비된 모습이 흥미롭다. **조지 킬번의 작품.**

는 베넷가의 첫째 딸 제인과 춤을 추면서 서로 호감을 갖는다. 반면 둘째 딸 엘리자베스는 우연히 빙리와 다아시의 대화를 듣는다. 그녀는 다아시가 자신을 무시하며 춤을 거절하는 말에 마음이 상했다.

그런데 다아시는 첫 만남에서는 보지 못한 엘리자베스의 지적인 모습과 아름다운 외모, 재치있는 말솜씨에 점점 빠져들었다. 다아시는 그녀에게 춤을 청하지만, 이미 나쁜 인상이 든 엘리자베스는 그를 거절한다.

“무언가 부족한 것이 있다는 건 차라리 다행이다.
만약 모든 준비가 완벽하다면,
실망하는 일이 반드시 생길 테니까.”
–《오만과 편견》 중에서

엘리자베스와 다아시의 오해와 반감은 계속된다. 위컴과 다아시의 악연, 언니 제인과 빙리의 결혼을 다아시가 반대했다는 사실을 알게 된 엘리자베스의 편견은 더욱 심해졌다. 그런데 다아시는 엘리자베스에게 사랑을 고백하면서 청혼을 한다. 하지만 엘리자베스는 단호하게 그의 청혼을 거절한다. 다음 날, 다아시는 엘리자베스에게 솔직한 해명이 담긴 편지를 주고 떠난다.

결혼하는 엘리자베스와 다아시_ 결혼식에서 엘리자베스가 결혼 서약을 하는 장면이다. **에드먼드 레이턴의 작품.**

마침내 엘리자베스는 자신이 다아시를 오해했음을 알았다. 결국, 두 사람은 서로의 진정한 모습을 바라본다. 오만해 보였던 다아시가 사실은 배려 있고 진실한 남자였음을, 편견으로 바라봤던 엘리자베스가 분별력 있고 당당한 여자였음을 알게 되었다. 이후 다아시는 엘리자베스에게 진심 어린 사랑을 고백하며 다시 청혼하고, 그녀는 이를 행복하게 받아들인다.

“편견은 내가 다른 사람을 사랑하지 못하게 하고,
오만은 다른 사람이 나를 사랑할 수 없게 만든다.”
–《오만과 편견》 중에서

돈이 목적인 결혼과 분별 있는 결혼의 차이가 뭘까요? 어디까지가 신중함이고, 어디서부터 탐욕일까요?

-《오만과 편견》 중에서

제가 원하는 진정한 찬사는 저를 진실된 사람으로 보아주는 것이에요. 청혼해주신 것은 거듭 감사드리지만, 그걸 수락할 수는 없습니다. 제 감정이 한사코 거부합니다. 이보다 더 명료하게 말할 수 있을까요? 그러니까 이제 저를 남자를 애태우는 우아한 여자로 생각하지 말고, 진실을 말하는 합리적인 사람으로 여겨주시기 바랍니다.

-《오만과 편견》 중에서

종종 오만이 허영심과 동의어로 사용되지만, 사실은 아주 달라. 허영심 없이도 오만할 수 있어. 오만은 우리 자신에 대한 우리 스스로의 평가와 더 관련이 있고, 허영심은 타인이 우리에 대해 생각해주기를 바라는 바와 더 관련이 있거든.

-《오만과 편견》 중에서

6. 영미 문학의 거장

찰스 디킨스

(Charles Dickens)

"인생은 가까이서 보면 비극이지만,
멀리서 보면 하나의 희극이다."

19세기 영국을 대표하는 소설가 찰스 디킨스가 한 말로, 마치 자신의 일생을 표현한 듯하다. 디킨스의 작품은 성서와 셰익스피어의 작품 다음으로 전 세계에서 널리 읽혔다고 한다. 그만큼 디킨스는 자신의 작품 속에 당대 사회상을 충실하게 반영했으며, 노동과 빈곤, 가정폭력과 아동 학대 등 당시 가장 중요했던 문제를 다루었다.

19세기는 산업혁명으로 자본주의가 발흥(發興)하던 시기였다. 당시 영국은 번영을 누렸지만, 그 이면에는 민중들의 빈곤과 열악한 노동환경이 있었다. 디킨스의 모든 작품에는 거의 '가난한 사람들'이 나온다. 디킨스 자신도 구두약 공장에서 힘들게 일한 적이 있는데, 이때 경험한 것들이 작품의 주제가 된 것이다.

특히 디킨스의 대표작인 《올리버 트위스트》와 《크리스마스 캐럴》, 《어려운 시절》 등의 작품은 가난하지만 평범한 사람들의 삶을 사실적으로 담아내면서 큰 인기를 얻었으며, 당대 사회에도 직접적인 영향을 주었다. 그의 작품에는 표면적으로 혹독하고 처참한 현실이 보이지만, 그 바탕에는 희망이 깔려있다.

“몸과 마찬가지로 마음도 지나치게 안락하면 찌그러들고, 우그러진다.”
–찰스 디킨스

스크루지 영감_ 디킨스의 소설 《크리스마스 캐럴》의 한 장면을 묘사한 그림으로, '스크루지'는 구두쇠를 지칭하는 이름이 됐다.

디킨스는 1812년, 영국의 포츠머스에서 태어났다. 그의 아버지는 해군의 하급 관리였는데, 두 살 때 아버지의 전근으로 런던으로 이사했다. 그는 어린 시절을 독서와 연극을 관람하며 보냈다. 디킨스가 열두 살 때 아버지가 빚 문제로 감옥에 갇히면서 집안 형편은 점점 기울었다. 결국, 디킨스는 부모님의 권유로 구두약 공장의 견습공이 되었다.

이때 그가 겪은 노동자의 경험은 그의 작품관에 많은 영향을 끼쳤다. 1827년, 디킨스는 변호사 사무소의 사환이 되었다. 그 후 법원 속기사를 거쳐 신문기자가 되었는데, 기자 생활을 통해서 풍부한 관찰력과 식견을 갖춰나가며 틈틈이 습작했다. 그는 여러 신문과 잡지에 '보스'라는 필명으로 글을 기고하고 발표했다.

1836년, 디킨스는 그간의 글을 묶어 《보스의 스케치집》으로 출간하면서 본격적인 집필을 시작했다. 1838년, 《올리버 트위스트》를 발표한 그는 연달아 《니컬러스 니클비》, 《오래된 골동품 상점》 등을 발표하며 작가로서의 입지를 굳혔다. 그리고 1843년, 《크리

찰스 디킨스의 초상화

스마스 캐럴》을 출간해 큰 성공을 이루었다. 디킨스는 1850년, 《데이비드 코퍼필드》 발표를 시작으로 사회 소설을 집필했다.

> "가난하고 고통받으며 박해받는 자들을 동정했다.
> 이 사람이 죽음으로써 세상은 훌륭한 작가 하나를 잃었다."
> -찰스 디킨스의 묘비

디킨스는 생애 마지막 10년 동안 소설 낭독을 위해 영국과 미국의 전역을 다녔는데, 가는 곳마다 환대와 영접을 받았다. 1870년, 디킨스는 《에드윈 드루드의 비밀》을 집필하던 중, 집 주변을 산책하다가 뇌졸중으로 생을 마감했다.

어둠 속의 아이들

《올리버 트위스트 (Oliver Twist)》

《올리버 트위스트》는 19세기 영국 런던의 슬럼가를 배경으로 한다. 당시 영국은 자본가와 노동계급의 빈부격차로 가난한 사람들이 착취를 당했다. 이들은 생계를 위해 범죄의 유혹을 뿌리치기가 힘들었다. 디킨스는 주인공 올리버 트위스트의 삶을 통해서 산업혁명 시절 노동자들의 애환과 세상의 모순을 날카롭게 비판했다. 한편으로 이 작품은 어린 시절 이후 공장 노동자와 사환으로 일했던 디킨스 자신의 고된 삶이기도 하다.

"나는 우중충한 성 자일스 거리에서도,
으리으리한 성 제임스 거리에서와 마찬가지로,
진리를 위한 좋은 소재를 찾을 수 있음을 의심하지 않는다."
–《올리버 트위스트》 중에서, 서문

국가에서 운영하는 구빈원(빈민구제소)에서 태어난 올리버 트위스트는, 그가 태어나자마자 어머니가 사망한 이후 계속 구빈원에서 지내고 있다. 이곳에서 올리버를 비롯한 아이들은 강제로 온갖 노동에 시달리는데, 먹을 음식조차 적게 줘서 힘들어 한다. 올리버는 아이들을 대표하여 죽을 더 달라고 부탁하지만, 호되게 매를 맞고 독방에 갇혔다. 그리고 올리버를 다른 사람에게

영화 〈올리버 트위스트〉의 명장면으로, 올리버가 원장에게 '죽을 좀 더 먹고 싶다'라고 말하는 모습이다.

데려가도록 한다.

이후 올리버는 소어베리라는 장의사의 견습생으로 들어가지만, 이곳에서도 학대를 당했다. 올리버는 결국 집을 나와 런던으로 향한다. 런던에 도착한 올리버는 자신과 비슷한 처지의 아이들이 모인 빈민 소굴로 들어갔다. 이곳은 페긴이라는 남자가 아이들을 관리했는데, 그는 아이들에게 소매치기를 가르쳤다. 올리버는 이런 것이 싫었지만, 그 덕에 음식을 먹을 수 있고 친구들이 생기는 것이 좋을 뿐이었다.

"사이크스는 도둑놈이고,
페긴은 장물아비이며, 소년들은 소매치기이고, 여자애는 창녀였다."
-《올리버 트위스트》 중에서

어느 날, 시내에서 다른 아이들이 물건을 훔치다가 발각되고 올리버가 누명을 쓰는 일이 벌어졌다. 모든 사람이 올리버를 처벌하자고 주장할 때, 노신사 브라운로우는 올리버가 억울하게 누명을 썼다는 말을 믿는다. 그리고 올리버를 자신의 집으로 데려와 좋은 옷과 따뜻한 음식을 주며 돌봐줬다.

하지만 올리버는 페긴 무리에게 붙잡혀서 다시 빈민 소굴로 끌려온다. 페긴은 올리버를 위협하면서 더 큰 범죄를 저지르도록 유도한다. 그런데 얼마 후, 사이크스가 찾아와 올리버에게 도둑질을 시킨다. 올리버가 강제로 도둑질을 하려는 순간에 집주인의 총에 올리버가 맞는다. 그리고 사이크스는 부상 당한 올리버를 버리고 도망쳤다.

"올리버는 두려움에 발작적으로 책을 덮고 멀리 밀쳤다.
그러고 나서 무릎을 꿇고,
이런 짓은 절대 하지 않게 해달라고 빌었다.
만약 이토록 무섭고 경악스러운 범죄를 저지를 운명이라면
차라리 당장 죽게 해달라고 말이다."
-《올리버 트위스트》 중에서

올리버는 죽을 위기에 처하고, 몇 번의 위험한 상황을 겪지만, 다행스럽게도 브라운로우의 도움으로 무사히 모면한다. 그리고 사이크스는 밧줄에 목이 매달려 죽고, 페긴은 체포되어 교수형 선고를 받는다. 그런데 뜻밖의 사실이 밝혀지게 된다. 브라운로우와 올리버의 아버지는 절친한 친구 사이였다.그 후 브라운로우는 올리버를 양자로 삼았고, 올리브는 돌아가신 아버지의 유산을 되찾았다.

스산하고 어둡고 뼛속까지 시린 밤이었으니, 집과 음식을 가진 자들은 환한 불가에 둘러앉아 집에 있는 것을 신께 감사드렸고, 집이 없고 배곯은 딱한 자들은 쓰러져 죽어가는 밤이었다. 이런 밤에는 굶주림에 지친 많은 외톨이들이 길바닥에서 눈을 감기 마련인데 그들이 무슨 죄를 저질렀든 이보다 더 혹독한 세상에서 다시 눈을 뜨는 일은 아마 없을 것이다.

-《올리버 트위스트》 중에서

작품 속 소매치기 고아 소년들의 모습으로, 19세기 런던 빈민가의 실제 모습을 반영했다.

7. 추리소설의 창시자

에드거 앨런 포

(Edgar Allan Poe)

"낮에도 꿈꾸는 사람은 밤에만 꿈꾸는 사람에게는 찾아오지 않는 많은 것을 알고 있다."

19세기 미국의 작가이자 시인, 평론가인 에드거 앨런 포가 한 말로, 자신의 확고한 꿈을 원동력으로 삼아 작가의 길을 걸었던 그의 삶을 짐작할 수 있는 명언이다. 포는 미국 단편 소설의 선구자로 불리는데, 세련된 집필을 기반으로 추리소설이라는 분야를 최초로 만들어냈다. 나아가 과학소설과 환상 문학 분야의 초석을 깔아놓는 데 이바지했다.

포는 작품 속에 신비하고 음산한 분위기와 함께 인간의 심리를 잘 묘사한 작가였다. 특히 추리소설 분야에서는 창시자로 불리는 만큼, 19세기 이후 추리소설에서 보편적으로 사용되는 서술방식이나 규칙 등의 기법이 모두 포로부터 나왔다. 이런 포의 독창성은 그의 작품 《어셔 가의 몰락》과 《검은 고양이》 등에 잘 나타나며, 이는 프랑스 상징주의 시인들에게도 큰 영향을 주었다.

에드거 앨런 포는 1809년 미국 보스턴에서 태어났다. 순회극단의 배우였던 아버지는 포가 18개월 갓난아기일 때 집을 나갔으며, 어머니는 포가 세 살이 되기 전에 세상을 떠났다. 이후 그는 리치

먼드에 사는 숙부에게 입양되어 '에드거 앨런 포'라는 이름을 받았다. 포는 여섯 살 때 숙부의 사업 관계로 영국 런던으로 이주했는데, 런던의 기숙학교를 다니면서 시와 습작을 했다.

에드거 앨런 포의 초상

"나 스스로 확신한다면, 나는 남의 확신을 구하지 않는다."
-에드거 앨런 포

포는 열한 살 때 미국으로 돌아와 열일곱 살에 버지니아 대학에 입학했다. 이 시기에 그는 사라 엘미라 로이스터라는 여인을 사랑하게 되었는데, 그녀가 부모의 반대로 다른 남성과 결혼하자 크게 상심했다. 포는 명석한 우등생이었던 반면에 생각이 많고 감수성이 풍부했다. 사랑의 절망에 빠진 그는 도박과 술에 빠져 빚을 지게 되었고, 대학에서도 퇴학당했다.

결국, 포는 숙부와 언쟁 끝에 집을 나왔다. 그해 여름, 그는 《태멀레인과 그 밖의 시들》이라는 시집을 익명으로 출간했지만, 아무 반응이 없었고, 연달아 쓴 시집도 마찬가지여서 시를 단념하고 소설에 매진한다. 이후 그는 웨스트포인트 사관학교에 입교 했으나 다시 술과 도박에 빠졌고, 크게 실망한 숙부는 포를 상속권자에서 제외하고 집에서 완전히 내쫓았다.

집에서 쫓겨난 포는 고모 마리아 클램의 집에서 지낸다. 그리고

에드거 앨런 포의 집_ 필라델피아의 앨런 포 국립사적지는 포의 집들 중 한 곳이다.

여기서 그의 평생의 사랑인 버지니아 클램을 만나고, 사랑에 빠진다. 당시 포는 심각한 재정난과 생활고에 시달렸고, 그는 각종 잡지와 신문의 현상소설에 응모하였는데, 1832년 《병 속의 수기》가, 1843년에는 《황금 풍뎅이》가 당선되었다.

> "시련이 없다는 것은 축복받은 적이 없다는 것이다."
> –에드거 앨런 포

1836년, 버지니아와 결혼한 포는 잡지사의 편집자로 일하며 계속 단편을 발표하였다. 이 시기에 그는 《모르그 가의 살인사건》, 《어셔 가의 몰락》, 《검은 고양이》 등 그의 걸작들을 출판했다. 이 작품들은 훗날 《셜록 홈스》 등의 추리소설에 큰 영향을 미쳤다.

1845년, 포는 《갈까마귀》를 발표하며 일시적인 성공을 거두지만, 그가 받은 고료는 고작 9달러였다. 결국, 1847년 가난 속에서 아내 버지니아가 폐결핵으로 죽었다. 아내의 죽음 이후 포는 제대로 건강을 돌보지 않았고, 1849년 10월, 볼티모어의 길거리에 쓰러져 의식불명인 채로 삶을 마감했다.

광기와 일탈이 만든 참극

《검은 고양이 (The Black Cat)》

에드거 앨런 포의 《검은 고양이》는 어린 시절부터 마음이 여리고 동물을 사랑했던 주인공이 성인이 된 후 성격이 변하고, 폭음을 일삼으면서 벌어지는 사건을 다뤘다. 포의 작품은 언어로 표현할 수 있는 극한의 공포를 담고 있는 특징이 있다. 《검은 고양이》는 괴이하고 음산한 분위기 속에서 인간의 내면에 잠재된 광기와 공포를 생생하게 묘사하여 독자에게 기이한 상상력과 소름 돋는 괴기함을 전해주고 있다.

"지금 나는 미친 것도,
꿈을 꾸는 것도 아니다.
그러나 내일이면 나는 죽음을 맞이하게 된다."
–《검은 고양이》 중에서

어릴 적부터 온순했던 '나'는 동물을 무척 좋아했다. 나의 아내 역시 착하고 정이 많은 성격으로, 나만큼이나 동물을 보살피는데 정성을 다했다. 많은 애완동물 중에서 나는 '플루토(Pluto, 저승의 신)'라는 검은 고양이를 가장 귀여워했다. 그런데 나는 언젠가부터 술을 마시기 시작했고, 점점 술을 마실수록 전에는 없었던 포악한 성격이 나왔다.

나는 동물을 학대했고, 급기야 아내에게도 폭언을 퍼부었다. 그러던 어느 날, 만취한 나를 피하는 플루토를 보자 몹시 화가 났다. 결국, 나는 플루토의 한쪽 눈을 칼로 도려내는 만행을 저질렀다. 그 후 플루토는 나를 피해 다녔는데, 플루토가 나를 매우 싫어하고 있는 것을 느꼈다.

나는 점점 술을 마시는 횟수가 늘어났고, 마침내 플루토를 나무에 목매달아 죽이고 말았다. 그날 밤, 집에 큰불이 났는데 이상하게도 나의 침대 머리맡 벽만 무너지지 않았다. 거기에는 고양이가 목이 매달린 형상의 그을음만 남아있었다. 나는 죄책감에 몇 달 동안 고양이 환영에 시달렸다.

"내가 싫어할수록 그놈은 더 날 따랐다.
그런데 가슴에 있는 흰 반점이 교수대 모양으로 변하면서
내게 플루토 교살을 떠오르게 했다."

-《검은 고양이》 중에서

나는 새로운 마음가짐으로 이사를 하고, 다시 새로운 고양이를 기르기로 했다. 그런데 단골 술집에서 나는 플루토와 닮은 고양이를 만났다. 그 고양이는 집으로 따라왔는데, 아내도 그 고양이를 아꼈다. 그리고 나는 뒤늦게야 그 고양이가 플루토처럼 한쪽 눈이 없다는 것을 알았다.

특히 나를 괴이함에 빠지게 한 건, 그 고양이의 가슴에 난 하얀 반점이었다. 그 반점은 마치 교수대의 밧줄을 연상토록 하는 모

에드거 앨런 포의 단편 《검은 고양이》에 나오는 '플루토'의 모습이다.

양이었다. 나는 점점 그 고양이에 대한 불길함에 난폭하게 변해 갔다. 하지만 그 고양이를 죽이고 싶은 마음을 눌러 참았다. 어느 날, 물건을 꺼내러 아내와 지하실 계단을 내려가다가 그 고양이 때문에 넘어질 뻔했다.

나는 화가 나서 고양이를 죽이려 했는데, 아내가 애원하며 나를 말렸다. 그러나 화를 참지 못한 나는 그만 아내를 살해하고 말았다. 나는 정신을 차린 후, 아내의 시체를 지하실 벽 속에 넣고, 새로 벽을 발라 시체를 숨겼다. 그런데 그 고양이는 어디에도 모습이 보이지 않았다. 드디어 나는 겨우 안식을 얻었고, 나의 생활도 정상으로 되돌아왔다.

벽 속의 고양이_ 고양이의 울음소리로 범행이 밝혀지는 장면이다. **프레드릭 심슨 코번의 작품.**

"아내를 살인했음에도 불구하고,
그 후 사흘 동안 나는 걸리적거리던 고양이가 사라져
편하게 잠을 잤다."
-《검은 고양이》 중에서

며칠 뒤 아내의 실종을 조사하러 경찰들이 집을 수색하러 왔다. 하지만 경찰들은 아무 증거를 찾지 못했다. 그 순간, 나는 이상한 심리적 광기가 발동했다. 바로 아내의 시체를 넣은 지하실 벽을 지팡이로 힘껏 두드린 것이다. 그때였다. 지하실 벽 속에서 마치 지옥에서나 들릴 법한 우는 소리가 울려 퍼졌다.

잠시 후, 경찰들은 벽을 허물어 아내의 시체를 찾아냈다. 그리고 아내의 시체 머리 위에는 나를 노려보는 외눈박이 검은 고양이가 앉아 있었다. 아내의 시체를 벽에 넣고 새로 바를 때 고양이까지 벽에 넣고 바른 것이다. 나는 그 자리에서 구속되었고, 지금은 사형을 하루 앞둔 사형수다.

아내는 검은 고양이는 모두 마녀가 변신한 것이라는 옛날부터 내려오던 미신 이야기를 넌지시 꺼내곤 했다. 물론 아내가 그 미신을 진짜로 믿은 것은 아니었고, 내가 그것을 언급하는 이유는 단지 지금 우연히 그게 생각났기 때문이다. (중략) 플루토, 이게 바로 그 고양이의 이름이었다. 오직 나만이 그 녀석에게 밥을 주었고, 내가 집 안의 어디로 가든지 그 녀석은 나를 졸졸 따라다녔다. 그 녀석과 나 사이의 우정은 그렇게 몇 해 동안 이어졌다. 그런데 그 몇 해 동안 내 성격과 심리는 악마 같은 폭음 때문에 급격히 악화되었다.

–《검은 고양이》 중에서

8. 러시아의 국민시인

알렉산드르 푸시킨

(Aleksandr Pushkin)

"삶이 그대를 속일지라도 슬퍼하거나 노하지 말라!
우울한 날들을 견디며 믿으라. 기쁨의 날이 오리니…"

러시아가 사랑한 국민시인이자 소설가인 알렉산드르 푸시킨의 시 〈삶이 그대를 속일지라도〉의 일부다. 설령 시를 잘 모르는 사람들이라도 한 번쯤은 들어 봤을 법한 이 유명한 시구를 쓴 시인이 바로 푸시킨이다. 그는 러시아에서 가장 위대한 시인으로 꼽히며, 근대 러시아 문학의 창시자로 여겨진다. 푸시킨은 흔히 시인으로 알려졌지만, 시뿐만 아니라 소설, 희곡 등 모든 장르에서 근대 러시아 사실주의 문학의 기초를 다졌다.

러시아 문학의 표본이 될 작품을 쓰고, '현실을 노래한 시인'이었던 푸시킨은, 19세기의 후기 고전주의 작가들에게 큰 영향을 주었다. 또한, 그는 유럽 문화가 러시아를 지배하던 시기, 러시아의 옛 전설과 가요 등을 토대로 단순하고 평이한 구어체로 작품을 쓰면서 러시아의 민족문화가 확립되는 데 크게 기여했다. 오늘날에도 비평가부터 대중에 이르기까지 폭넓은 사랑을 받으며 러시아의 국민작가로 추앙받는다.

푸시킨은 1799년, 모스크바의 귀족 가문에서 태어났다. 향락과

리체이 시험장에서의 푸시킨_ 진급 시험장에서 자작시를 낭독하는 푸시킨의 모습이다. **일리야 레핀의 작품.**

사치에 빠져 살던 그의 부모는 아이들의 교육을 프랑스인 가정교사에게 맡겨 놓은 채 별다른 관심이 없었다. 푸시킨은 상상력이 무척 탁월했다. 어려서부터 아버지 서재에서 문학과 철학 서적을 탐독한 그는 6년간 유서 깊은 리체이 귀족학교에서 어린 시절을 보냈다.

"습관은 하늘이 준 선물, 행복과도 바꿀 수 있는 것이다."
-알렉산드르 푸시킨

리체이 귀족학교를 졸업한 푸시킨은 당시 귀족 자제들의 출세 코스에 걸맞게 외무성에 들어가 8등 문관 신분으로 공무원 생활을 시작했다. 하지만 공무원 생활에 흥미를 잃은 푸시킨은 이때부터 3년간 향락적인 생활을 했다. 어렸을 때부터 품어온 자유주의적 사상을 간직하고 있었던 그는 당대의 혁명적 자유주의자들과 활발한 교류를 했으며 진보적인 낭만주의 문학 그룹에 동참했다.

푸시킨의 유명한 서사시 《루슬란과 류드밀라》를 발표한 것도 이 무렵이다. 또한, 푸시킨은 이 무렵에 러시아의 농노제와 전제 정치를 공격하는 시를 지었는데, 이 때문에 당국의 눈 밖에 나 1820년 러시아 남부로 전근 당한다. 오데사에 머무르며 외국 문학을 공부하던 그는 오데사 총독과 불화를 일으켜 어머니의 영지인 미하일로프스코예로 추방당한다.

1825년에 자유주의자들이 일망타진된 후 모스크바와 상트페테르부르크로 귀환해도 좋다는 황제의 허가가 있었으나 푸시킨은 이미 위험인물로 낙인찍혀 당국의 감시를 받는다. 황제의 검열 없이는 작품 발표를 마음대로 하지 못하게 된 것이다. 푸시킨은 귀환 후 얼마간은 서정시나 연애시를 썼다.

"어떤 나이에도 사랑으로부터 도망칠 수 없다."
-알렉산드르 푸시킨

1830년부터 다시 본격적인 작품 활동에 들어간 푸시킨은 1831년에 《예브게니 오네긴》을 완결 짓고 여러 가지 시와 소설들을 발표했다. 《스페이드의 여왕》, 《대위의 딸》 등 그의 대표 소설들도 이때

나탈리야 곤차로바_러시아 사교계의 꽃인 곤차로바는 푸시킨의 구애에 결혼했지만, 그녀의 사치와 스캔들로 결국 푸시킨이 죽는 결과를 낳았다.

발표된 것들이다. 1831년, 푸시킨은 러시아 상류층에서 미인으로 소문난 나탈리야 니콜라에브나 곤차로바에게 청혼했다. 하지만 그녀는 '사생활이 문란하고 음탕하다'라는 등 뒷소문이 좋지 않았다.

1836년 11월, 푸시킨과 그의 동료들은 아내 곤차로바가 염문을 일으키고 다니고 있다는 익명의 투서를 받는다. 푸시킨은 당시 곤차로바와 가까워진 프랑스인 근위대 장교 조르주 단테스가 범인이라고 확신했고 단테스에게 결투 신청을 한다. 1837년 1월 27일 낮 4시에 결투가 벌어졌고 푸시킨은 단테스의 총에 맞아 치명적인 상처를 입게 된다.

그러나 아내는 총알을 맞고 피투성이가 된 푸시킨에게로 달려오는 것이 아니라 정부인 단테스에게 뛰어갔다. 죽어가면서 다른 남자의 품으로 달려가는 아내의 모습을 보게 된 그의 심정은 얼마나 비통하고 참담했을까?

"명예 있는 죽음이 삶보다 낫다!"
-알렉산드르 푸시킨

결국 1837년 1월 29일, 푸시킨은 37년 8개월의 짧은 생애를 마감한다. 푸시킨은 사랑하는 여인으로 인해 고통스러워하다 끝내 목숨까지 잃었다. 사랑을 지키기 위해 도저히 이길 수 없는 싸움에 몸을 내던졌던 것이다.

푸시킨과 곤차로바_ 곤차로바는 푸시킨이 죽은 후 군인 란스코이와 재혼해서 세 딸을 낳았다.

포화 속에 핀 사랑

《대위의 딸 (The Captain's Daughter)》

푸시킨의 대표 소설인 《대위의 딸》은 청년 장교 그리뇨프와 사령관의 딸 마샤의 사랑 이야기를 중심으로, 귀족 장교부터 노비, 반란군 괴수, 여제(女帝)에 이르기까지 다양한 인간군상을 등장시켜 18세기 후반의 러시아 사회를 기록한 작품이다. 푸시킨은 당시 러시아 귀족과 민중의 생활, 을 생생하게 재현시켰다. 《대위의 딸》은 19세기 러시아 사실주의 문학의 선구적 작품으로 평가받는다.

"사람이 항상 쫓아야 할 것은 돈이나 명예가 아니다.
사람이 항상 좇아야 하는 것은 '사람'이다."
-알렉산드르 푸시킨

그리뇨프는 예카테리나 여제 치하의 러시아 제국에서 지방 귀족의 아들로 태어났다. 그는 아버지의 뜻에 따라 변방 요새인 베로고르스크에 소위보로 부임하게 되었다. 임지로 가는 길에 눈보라로 길을 잃고 방황하던 그는 우연히 건장한 농부를 만나 그의 안내로 길을 찾았다. 그리뇨프는 고마움의 표시로 자신의 토끼 가죽 코트를 줬다.

요새에 도착한 그리뇨프는 그곳의 사령관인 이반 미로노프 대위의 딸 마샤와 사랑에 빠진다. 그런데 마샤를 짝사랑하던 시바브린 중위는 둘을 질투해 온갖 방해를 한다. 그러던 어느 날, 푸가초프의 반란이 일어나 요새가 함락되었다. 그런데 반란을 주도한 푸가초프는 그리뇨프를 도와 준 농부였다. 그때의 일을 기억한 푸가초프는 그리뇨프의 목숨을 살려주고 떠나보낸다.

오렌부르크로 피신해 있던 그리뇨프는 반격 대열에 가담하였다. 그의 연인 마샤는 신부의 집에 숨어있었고, 시바브린은 푸가초프의 반란군에 항복하여 요새의 새 지휘관이 된다. 그런데 그리뇨프는 마샤로부터 시바브린이 결혼을 강요한다는 밀서를 받았다. 그는 마샤를 구출하려고 요새에 들어갔지만, 다시 사로잡혀 푸가초프 앞에 끌려갔다.

푸가초프의 난_예카테리나 2세 치하의 러시아에서 일어난 대농민반란을 묘사한 그림이다.

그리뇨프와 푸가초프_ 토끼가죽으로 만든 옷을 준 것이 인연이 되어 푸가초프와 친근한 사이가 된 그리니요프는 사랑하는 마카가 그들의 진영에 고립되자 그녀를 구하기 위해 단신으로 뛰어든다.

"이봐, 까마귀, 죽은 짐승을 먹으며 300년을 사느니
뒷일이야 어찌 되건 간에 단 한 번이라도
산 짐승의 피를 실컷 마시는 편이 낫겠다."
-《대위의 딸》 중에서

그리뇨프는 푸가초프에게 그간의 사정을 말하고, 마샤를 풀어 달라고 부탁한다. 그리뇨프를 인간적으로 좋아했던 푸가초프는 시바브린에게서 그녀를 풀어내 보내준다. 그 후 그리뇨프는 마샤를 자기 부모에게 보내고, 수많은 전투를 치른 후 반란군을 진압했다.

그러나 반란죄에 체포된 시바브린은 법정에서 거짓 증언을 하여 그리뇨프가 푸가초프의 반란군 간첩이라고 누명을 씌운다. 이

처형장으로 향하는 푸가초프_푸가초프는 처형장으로 가던 중 군중 속에서 그리뇨프를 발견하고는 고개를 끄덕이며 인사를 한다.

로 인해 그리뇨프는 시베리아 종신 유배의 위기에 처하지만, 마샤가 예카테리나 여제에게 직접 상소하여 진실을 밝혀내어 풀려났다.

훗날 처형장에 선 푸가초프는 군중 속에서 그리뇨프를 찾아냈다. 그는 그리뇨프에게 머리를 끄덕여 보이며 마지막 인사를 전한다. 또한, 그리뇨프는 마샤와 결혼해 행복한 가정을 꾸렸으며, 그 자손들이 러시아 심비르스크에 대대로 살고 있다.

"충성을 다해 근무하도록 해라.
상관의 말을 잘 듣되 호의를 얻고자 애쓰지 마라.
근무에 욕심을 부리지도 말고, 핑계로 게을리하지도 마라.
그리고 외투는 새것일 때부터 아끼고, 명예는 젊어서부터 소중히 하라."
-《대위의 딸》 중에서

'그럴듯하군요.' 내가 그에게 대답했다. '그렇지만 살인과 강도 행각을 일삼으며 사는 건 죽은 짐승을 쪼아 먹는 것과 다를 바 없다는 생각이 듭니다.' 푸가쵸프가 놀란 듯이 나를 빤히 쳐다보더니 더 이상 한마디도 하지 않았다. 우리 둘 다 각자의 상념에 잠겨 입을 다물었다.

-《대위의 딸》 중에서

나 한사람을 제외한 모든 이에게 살인귀이자 불한당인 이 무시무시한 사람과 헤어지면서 무엇을 느꼈는지 설명할 도리가 없다. 진실을 말하지 않을 이유가 있을까? 그 순간 그에게 강렬한 동정심을 느꼈다. 나는 그가 우두머리 노릇을 하고 있는 그 악당들의 무리 가운데서 그를 끌어낼 수 있기를 열렬히 소망했다. 아직 시간이 있을 때 그의 머리를 구해주고 싶었다.

-《대위의 딸》 중에서

제5장

자연을 모방하는 예술

사실주의

1. 프랑스 사실주의 문학의 선구자, **스탕달**
2. 러시아 문학의 거장, **표도르 도스토옙스키**
3. 러시아의 세계적인 대문호, **레프 톨스토이**
4. 현대극의 아버지, **헨릭 입센**
5. 세계 문학사를 빛낸 자매, **샬럿/에밀리 브론테**
6. 프랑스 자연주의 문학의 창시자, **에밀 졸라**
7. 프랑스 사실주의 대표작가, **기 드 모파상**

1. 프랑스 사실주의 문학의 선구자

스탕달
(Stendhal)

"소설이란, 큰길을 걸으면서 둘러메고 다니는 거울 같은 것이다."

19세기 프랑스의 대표적인 작가인 스탕달이 한 말로, 당시 사회에 대한 통렬한 비판이 담겨 있다. 스탕달은 사회 속 인간의 심리를 분석하여 개인에게 재현되는 사회 집단의 동향을 통해서 현실을 파악했다. 그의 대표작《적과 흑》은 이러한 통찰을 주제로 한 소설로, 당시 프랑스의 현실을 사실적으로 표현하였다.

1830년대 프랑스는 프랑스 대혁명 이후로 나폴레옹이 몰락하고, 추방되었던 부르봉 왕조가 왕정을 세운 시대였다. 계급을 뛰어넘어 신분 상승이 가능했던 나폴레옹 시대와는 다르게 다시 귀족과 성직자가 지배하는 폐쇄적인 체제로 복귀했다. 물론 프랑스 대혁명을 통해서 능력껏 기회를 얻을 수 있었지만, 이 기회는 지극히 제한적이었다.

스탕달은 1827년, 어느 신학생의 살인미수사건을 소재로《적과 흑》을 집필했다. 여기서 적(赤)은 나폴레옹 시대 군인의 영광을 나타내는 것이고, 흑(黑)은 왕정복고 시대 성직자의 검은 옷을 뜻한다. 그는 새삼 인간의 야망, 그리고 귀족이나 성직자가 아니면 신분 상승을 할 수 없는 프랑스의 현실을 개탄했다. 그리고 《적과 흑》에 등장하는 각 인물의 심리 분석과 그들을 움직이는 원동력은 무엇인지를 담아냈다.

"진실한 마음으로 무엇을 계획하고,
그 일을 실행에 옮기는 것은 가장 즐거운 생활이다.
당신은 오늘의 계획을, 또 내일의 설계를 생각해야 한다.
그리고 성실한 마음으로 그 계획을 실행에 옮겨야 한다."
-스탕달

스탕달은 1783년, 프랑스 동남부 그르노블의 부유한 집안에서 태어났다. 그는 일곱 살에 어머니를 여의고, 완고한 아버지와 독선적인 숙모, 엄격한 가정교사 밑에서 자라났다. 어려서부터 감수성이 풍부했던 스탕달은, 자신과는 성향이 매우 다른 사람들과 불화를 겪으며 우울한 어린 시절을 보냈다. 그의 유일한 안식처는 외할아버지 앙리 가뇽이었다. 그는 외할아버지에게 문학과 철학, 과학 등을 배웠으며, 이때 계몽주의 사상의 영향을 받았다.

스탕달은 열여섯 살에 이공계 학교 시험을 위해 파리에 갔지만, 시험을 보지 않고 연극 관람과 극작에 몰두했다. 권위에 대한 반항심이 컸던 스탕달에게 나폴레옹은 영웅과 같은 존재였다. 1800년, 스탕달은 나폴레옹 군에 입대해 이탈리아로 가지만, 1814년에 나폴레옹이 추방당하자 군을 나와 이탈리아 밀라노에 머물면서 소설과 평론, 여행기 등을 출간한다. 이때부터 '스탕달'이라는 필명을 썼는데, 그의 본명은 '마리앙리 벨(Marie Henri Beyle)'이었다.

민중을 이끄는 자유의 여신_ 프랑스 7월 혁명을 나타낸 그림으로, 다양한 사회 계급 출신이 참여하고 있음을 표현했다. **외젠 들라크루아의 작품.**

1821년, 파리로 돌이온 스탕달은, 1827년에 첫 소설 《아르망스》를 발표하지만, 그다지 주목받지 못했다. 그러다가 1830년, 7월 혁명이 일어나자 트리에스터 영사에 임명되어 이탈리아로 떠나고, 이해에 《적과 흑》을 출간했다. 그는 대부분의 삶을 이탈리아에서 보내며 《뤼시앵 뢰벤》, 《앙리 브륄라르의 삶》, 그리고 또 다른 대표작인 《파르마의 수도원》 등 다수의 작품을 발표했다.

"내 소설은 백 년 뒤의 독자들이나 이해할 것이다."
-스탕달

이후로도 스탕달의 집필활동은 이어졌지만, 1842년 뇌출혈로 쓰러져 의식을 잃은 채 숨을 거두었다. 스탕달은 생전에는 작가로서 크게 인정받지 못했다. 그러나 후대에 들어서 프랑스 사실주의 문학의 새로운 장을 열었다는 평가와 함께 프랑스의 위대한 작가 중 한 명으로 꼽히게 되었다.

최초의 사실주의 소설

《적과 흑 (The Red And The Black)》

스탕달의 대표작 《적과 흑》은 19세기 초, 프랑스 왕정복고 시대 프랑스의 뒤틀린 모습을 그대로 묘사한 작품이다. 스탕달은 작품 속 주인공 쥘리앵이 높은 신분의 여성들을 사랑하면서 점차 파멸해가는 과정을 섬세하게 묘사했다. 또한, 이 작품은 연애소설을 가장한 사회 소설이다. 즉 '1830년 연대기'라는 부제목처럼 《적과 흑》은 사실주의 문학의 선구작(先驅作)이자 심리소설의 걸작으로 꼽힌다.

"출세하지 못할 바에는 차라리 죽고야 말겠다."
-《적과 흑》 중에서, 쥘리앵

프랑스 그르노블 근처 작은 도시인 베리에르에 쥘리앵 소렐이 살았다. 그는 언제나 천민의 신분에서 벗어나 출세하기를 바랐다. 그런데 당시 프랑스 사회에서 평민 남자는 군인이나 성직자로 신분 상승을 할 수 있었다. 하지만 나폴레옹의 몰락 이후 천민이 군인으로 출세하는 것은 어려워졌고, 쥘리앵은 마음에도 없던 성직자가 되기로 한다.

쥘리앵은 비록 가난한 목수의 아들이었지만, 천재적인 두뇌와

영화 〈적과 흑〉의 한 장면으로, 쥘리앵과 레날 부인의 밀회 장면이다.

재능을 가지고 있었다. 게다가 수려한 외모로 여성들을 설레게 했다. 그는 교구신부인 셀랑 사제에게 신학과 라틴어를 배운 후 베리에르 시장(市長)인 레날의 집에 가정교사로 채용되었다. 쥘리앵은 상류층에 대한 증오심으로 레날 부인을 유혹하고, 두 사람은 내연 관계가 된다.

그런데 쥘리앵은 점차 레날 부인을 진심으로 사랑하게 되었다. 하지만 이들의 관계는 오래가지 못한다. 쥘리앵을 짝사랑하던 하녀 엘리자가 레날 시장에게 두 사람의 관계를 밀고한 것이다.

> "가장 선하다는 것도,
> 가장 위대하다는 것도 모두 위선일 뿐이다."
> -《적과 흑》 중에서, 쥘리앵

쥘리앵은 그곳에서 쫓겨나 브장송의 신학교에 입학한다. 그는 그곳에서 교장 피라르 사제의 인정을 얻고, 추천을 받아 라몰 후작의 비서가 된다. 그의 야망을 펼칠 기회를 다시 얻은 것이다.

여전히 신분 상승을 갈망하던 쥘리앵은 자신의 수완을 발휘해 라몰 후작의 신임을 얻는다.

그리고 이번에는 라몰 후작의 딸인 마틸드를 유혹한다. 도도한 마틸드였지만 어렵게 그녀의 마음을 얻어내고, 마틸드는 쥘리앵의 아이를 임신한다. 마침내 마틸드와의 결혼을 눈앞에 둔 쥘리앵은 귀족 신분이 되었을 뿐만 아니라 부와 명예, 그리고 장교의 지위를 얻는다. 하지만 이때 라몰 후작은 레날 부인으로부터 쥘리랭의 과거를 폭로한 편지를 받고는 딸 마틸드와의 결혼을 취소한다.

좌절된 야망에 이성을 잃은 쥘리앵은 베리에르에 가서 레날 부인을 찾아가 권총으로 저격한다. 레날 부인은 목숨을 건졌으나 쥘리앵은 살인미수로 브장송의 감옥에 갇히고, 재판에서 사형 선고를 받는다.

"나는 왜 위선을 저주하면서도, 나 자신이 위선자가 되어야 하는가?"
-《적과 흑》 중에서, 쥘리앵

쥘리앵은 감옥으로 찾아온 레날 부인을 만나고, 자신이 진정으로 사랑한 사람은 레날 부인인 것을 알게 된다. 또한, 그동안 상류층의 위선을 증오했지만, 정작 자신이 위선자에 가깝게 된 사실을 깨닫는다. 그리고 쥘리앵은 자신을 살리려고 애쓰는 레날 부인과 마틸드의 노력에도 항소를 포기하고, 단두대에서 담담히 죽음을 맞는다.

10시를 알리는 마지막 종소리가 아직 울려 퍼지고 있을 때, 마침내 그는 손을 내밀어 레날 부인의 손을 잡았다. 부인은 즉시 손을 뺐다. 쥘리앵은 자기가 무엇을 하는지도 모른 채 다시 그 손을 잡았다. 그는 발작적인 힘을 기울여 그 손을 꼭 쥐었다. 부인은 손을 빼내려고 마지막 안간힘을 썼으나 마침내 그 손은 쥘리앵의 손에 머물러 있게 되었다. 그의 마음은 행복으로 넘쳐흘렀다. 레날 부인을 사랑해서가 아니라 끔찍한 고통이 끝났기 때문이었다.

-《적과 흑》 중에서

영화 〈적과 흑〉의 마틸다와 쥘리앵의 모습이다. 그녀는 도도한 후작의 딸이지만, 결국 쥘리앵을 마음에 품는다.

2. 러시아 문학을 대표하는 거장

표도르 도스토옙스키

(Fyodor Dostoevsky)

"사람들은 자신이 행복하다는 것을 알지 못하기에 불행한 것이다. 단지 그것뿐이다."

러시아 문학의 거장으로 불리는 작가 도스토옙스키가 한 말이다. 인간의 심리에 대한 놀라운 통찰력을 가졌던 그가 평생 고민했던 것은, 인간의 본성에 따른 죄와 용서의 문제였다. 그는 19세기 러시아의 비참한 현실과 그 속에서 살아가는 인간의 모습을 작품 속에 사실적으로 표현하였다.

도스토옙스키의 4대 소설로 꼽히는《죄와 벌》,《카라마조프가의 형제들》,《백치》,《악령》등의 작품은 그의 깊은 통찰이 녹아든 걸작이다. 그는 인간의 내면에 숨겨진 어두움과 이로 인해 일어나는 인간의 문제를 작품 속에 담아 문학은 물론 철학과 종교, 사회문화에까지 큰 영향을 주었다.

도스토옙스키의 4대 소설은 러시아 문학을 세계문학의 반열에 올려놓았다는 평가와 함께 그는 세계 문학사의 위대한 작가 중 한 명이 라는 명성을 얻었다. 또한, 그의 작품들은 20세기의 소설 문학과 여러 작가에게 심오한 영향을 끼쳤으며, 오늘날까지 세계의 명작으로 자리매김해 여전히 깊은 감동을 전해주고 있다.

표도르 도스토옙스키의 밀랍

"괴로움이야말로 인생이다.
인생에 괴로움이 없다면 무엇으로 만족을 얻을 것인가?"
-도스토옙스키

도스토옙스키의 인생은 마치 그의 작품 속 주인공처럼 파란만장했다. 그는 1821년, 러시아 모스크바의 귀족 집안에서 태어났다. 열여섯 살에 어머니가 세상을 떠난 후, 아버지의 뜻에 따라 상트페테르부르크의 공병학교에 입학하지만, 그는 군 생활에 회의를 느꼈다. 그런 그에게 문학은 유일한 위안이었고, 빅토르 위고와 라신, 괴테 등의 책을 읽으며 습작을 했다.

1842년, 공병학교를 졸업한 도스토옙스키는 소위에 임관해 공병국 제도실에서 근무하다가 1844년에 문학의 길을 택하고 중위로 퇴역했다. 이후 1846년, 첫 소설 《가난한 사람들》을 발표해 러시아 문단의 극찬을 받으며 등단했다. 이어서 《분신》, 《주부》, 《백야》 등을 집필하면서 혁명가들과 교류하였다.

이때부터 도스토옙스키는 사회주의 사상을 연구하는 '페트라셰프스키 모임'에 가담한다. 그러나 고골(N Gogol)에게 보내는 벨린스키(Belinsky)의 편지를 낭독했다는 죄목으로 체포되어 사형 선고를 받는다. 하지만 사형집행 직전 황제의 사면을 받고, 시베리아로 끌려가 강제노역을 하다가 1854년 유형(流刑)을 끝낸다.

죽음 직전에 살아난 이 경험으로 도스토옙스키의 세계관은 변하는데, 그는 사회주의자에서 기독교 사상 바탕의 인도주의자가 되었다.

"만약 내가 죽지 않는다면,
나의 삶은 끊임 없는 영원처럼 느껴지며 1분이 백 년과 같으리라.
만약 내가 살아남는다면 인생의 단 1초를 소홀히 하지 않을 텐데……."
-도스토옙스키

도스토옙스키는 1861년, 《학대받은 사람들》을 발표하며 문단에 복귀했다. 그의 생계수단은 집필뿐이었는데, 잘못된 계약으로 급히 작품을 완성해야 했던 그는 속기사 안나를 고용해 1866년, 《노름꾼》과 《죄와 벌》을 발표한다. 이듬해 안나와 결혼한 그는 유럽의 여러 도시를 여행하며 《백치》, 《악령》 등을 집필한다.

이후 1880년, 한 가족의 갈등과 몰락을 통해 인간의 본성을 파헤친 걸작 《카라마조프가의 형제들》을 발표한다. 그러나 1881년, 폐기종의 악화로 도스토옙스키가 사망하면서 그의 마지막 유작이자 미완성 대작으로 남았다.

인간의 내면을 파헤친 소설
《죄와 벌 (Crime and Punishment)》

《죄와 벌》은 도스토옙스키의 4대 소설 중 시작을 알린 작품이다. 이 작품은 1860년대 러시아 상트페테르부르크를 배경으로, 가난한 사람들의 행복이라는 정당한 목적을 위해 살인이라는 정당하지 못한 죄를 저지른 주인공 라스콜리니코의 죄와 용서 이야기를 담았다. 도스토옙스키는《죄와 벌》을 통해서 점차 인간성을 상실해가는 19세기 러시아 사회의 문제를 비판하였다.

"벌레 같은 사람을 죽여서 훗날 더 많은 사람을 구할 수 있다면,
그 살인은 죄인가, 죄가 아닌가?"
-《죄와 벌》 중에서

1860년대 후반, 러시아 상트페테르부르크에 가난한 대학생 라스콜리니코프가 살았다. 그는 비좁은 하숙집에서 살았는데, 그마저도 방세를 내지 못할 만큼 빈곤해서 대학도 휴학 중이었다. 게다가 시골에 있는 어머니에게서 온 편지에는 그의 여동생이 돈을 구하고자 원하지 않는 결혼을 할 예정이라는 소식이 담겨 있었다. 라스콜리니코프는 여동생이 자신에게 돈을 보내려고 희생하는 것을 알고 분노가 치솟았다. 그리고 돈 문제를 해결하기 위한 방법을 궁리한다.

영화 〈죄와 벌〉의 한 장면으로, 노파를 죽이려고 도끼를 든 라스콜리니코프가 갈등하는 모습이다.

라스콜리니코프가 사는 동네에는 가난한 사람들을 대상으로 돈을 갈취하는 전당포가 있는데, 주인 노파(老婆) 알료나 이바노브나는 악랄하고 무자비한 사람이다. 그는 이 사악한 노파를 죽이는 것이 사회의 정의를 위해 필요하다고 생각했다. 결국, 라스콜리니코프는 살인계획을 세운 후 도끼로 노파를 죽인다. 그리고 자신을 목격한 노파의 동생 리자베타까지 죽인 후 달아난다.

"죄는 살아나고, 나는 죽어간다."
-《죄와 벌》 중에서, 라스콜리니코프

라스콜리니코프는 가난하고 선량한 사람을 위해 노파를 죽이는 것은 정당하다고 여겼다. 그러나 막상 살인을 저지른 후로 죄책감과 공포에 빠진다. 그리고 자신이 저지른 살인은 정의가 아닌 가난에서 벗어나고 싶은 탐욕에 불과했다는 것을 깨닫고는 자신을 증오한다. 그는 노파를 죽임과 동시에 자기 자신을 죽인 것이다.

노파를 살인한 라스콜리니코프는 악몽과 망상에 시달린다. 게다가 수사관이 자신을 의심한다는 사실에 불안해한다. 거리를 방황하던 라스콜리니코프는 죽어가던 마르멜라도프를 돕게 되고, 그의 딸 소냐를 알게 된다. 이후 도둑 누명을 쓴 소냐를 구하는 일을 계기로 두 사람은 가까워졌다. 소냐는 어머니와 형제들을 위해 매춘부를 하고 있었는데, 그녀의 모습에서 동질감을 느낀 라스콜리니코프는 자신의 죄를 고백하고 싶은 마음이 들었다.

"당신을 따르겠어요. 언제까지나.
당신이 유형을 가더라도 함께 가겠어요."
–《죄와 벌》 중에서, 소냐

영화 〈죄와 벌〉에서 라스콜니코프와 소냐가 언쟁을 벌이는 장면이다.

마침내 소냐에게 죄를 고백한 라스콜리니코프는 그녀의 권유로 자수를 하고, 시베리아 유형을 떠난다. 자신의 죄를 인정하고 벌을 받은 것이다. 그리고 소냐는 그를 따라 시베리아에 가서 유형 생활을 돕는다. 또한, 소냐의 말처럼 라스콜리니코프는 새로운 생명을 얻는다. 그녀의 끊임없는 헌신과 지극한 사랑이 라스콜리니코프를 새로운 사람으로 부활시킨 것이다.

나폴레옹이 만약 내 입장이었다면, 몽블랑 원정이니, 이집트 원정이니 하는 것들은 다 집어치우고 대신에 어떤 고리대금업자 노파만 있다면, 또한 궤짝에서 돈을 훔치기 위해서 노파를 죽이지 않을 수 없다면, 그는 살인을 감행했을까? (중략) 그러다 갑자기 생각했지. 나폴레옹이라면 그런 고민 따위는 하지 않고 죽였을 거라고 말이야! 나도 그렇게 고민에서 벗어난 거야!

–《죄와 벌》 중에서, 라스콜리니코프

이 세상은 넓지만, 지금의 당신처럼 불행한 사람은 없어요. 지금 당장 광장으로 가서 당신이 더럽힌 대지에 입 맞추세요. 그리고 세상을 향해 '내가 죽였습니다'라고 큰소리로 외치세요. 그러면 신(神)께서는 당신에게 새로운 생명을 주실 거예요.

–《죄와 벌》 중에서, 소냐

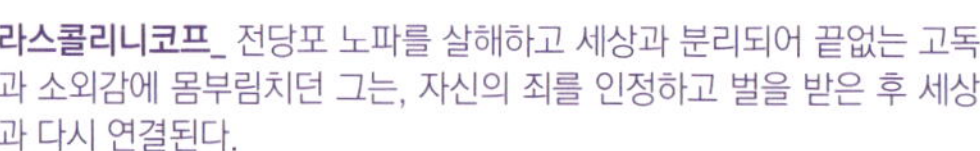
라스콜리니코프_ 전당포 노파를 살해하고 세상과 분리되어 끝없는 고독과 소외감에 몸부림치던 그는, 자신의 죄를 인정하고 벌을 받은 후 세상과 다시 연결된다.

3. 러시아의 세계적인 대문호

레프 톨스토이

(Leo Tolstoy)

"과거는 이미 존재하지 않고, 미래는 아직 닥치지 않았으며, 존재하는 것은 오직 현재뿐이다."

세계적인 대문호이자 위대한 사상가 톨스토이가 한 말이다. 그는 러시아 문학을 대표하는 거장으로, 동시대에 활동한 도스토옙스키와 함께 러시아 문학의 두 축을 이루었다. 19세기 러시아의 모든 사람에게 가장 중요한 것은 바로 '삶'이었다. 삶과 죽음에 대한 깊은 통찰이 있었던 톨스토이는 참된 인생과 진실한 행복에 대해 끊임없이 고민하여 세계 문학사에 새로운 문학을 일구었다.

톨스토이의 3대 걸작으로 꼽히는 《전쟁과 평화》, 《안나 카레니나》, 《부활》에는 인간의 삶과 죽음에 대한 그의 숭고한 사상이 담겨 있다. 그는 작품 속에 자신의 사상관을 함축한 인물들을 등장시킴으로써, 인간에 대한 사랑과 구원의 이야기를 담았다. 특히, 《안나 카레니나》는 그의 사상을 집대성한 완벽한 작품이라는 평가를 받는다. 이 작품에는 사랑과 결혼, 가족과 종교, 희망과 죽음, 삶과 죽음 등 인간의 삶 속 모든 것에 대한 그의 깊은 성찰이 담겨있다.

톨스토이는 《안나 카레니나》를 통해서 당대 위선과 가식이 가득했던 러시아 귀족과 상류층을 비판했다. 이 작품은 19세기 러시아 사회의 모습을 완벽하게 반영하여 당대의 작가들에게 '결점이 없는 완벽한 작품'이라는 찬사를 받았다. 또한, 그의 작품들은 문학은 물론 정치에도 큰 영향을 주었으며, 인도주의와 무저항주의 사상을 실천하여 당대 유럽 지성계의 중심이 되었다. 당대는 물론 후대의 작가들에게도 깊은 영향을 준 그의 작품들은, 오늘날까지 우리의 삶을 뒤돌아보게 하며, 우리가 어떻게 살아가야 할 것인가를 전하고 있다.

"모두가 세상을 변화시키려고 생각하지만,
누구도 스스로 변하겠다고 생각하지 않는다."
-레프 톨스토이

톨스토이는 1828년, 러시아 남부 야스나야 폴랴나에서 백작인 아버지와 공작 가문의 상속녀인 어머니 사이에서 태어났다. 백작 가문에서 태어난 그였지만, 두 살 때 어머니를 여의고, 아홉 살 때 아버지까지 숨을 거두자 숙모의 손길에서 자라났다. 그의 후견인이었던 숙모는 이후 톨스토이의 작품세계(《전쟁과 평화》 속 소냐)에 큰 영향을 주었다. 1844년, 열여섯 살에 카잔대학교에 입학했지만, 공부에는 관심이 없어 사교계를 들락거리며 방탕한 생활을 하다가 3년 만에 중퇴했다.

톨스토이의 고향 야스나야 폴랴나에 있는 그의 생가이다.

이후 모든 생활을 접고 고향으로 돌아온 그는, 자신의 과거를 반

농사짓는 톨스토이_ 톨스토이는 노년에 '가난한 농부'를 꿈꿨다고 전해진다.

성하며 일기를 쓰고, 영지를 돌보면서 농민들을 위한 계몽운동을 한다. 그러나 실패하고, 여전히 방탕한 생활을 일삼는다. 1851년, 톨스토이는 큰형 니콜라이를 따라 카프카스에 가서 군에 입대하는데, 이때를 전후로 습작을 시작한다. 이후 1852년, 첫 소설《유년 시절》을 발표하며 등단하는데, 이 작품은《소년 시절》,《청춘 시절》로 이어지는 3부작의 첫 편이다.

1853년 체첸 토벌에 참전한 톨스토이는, 1854년에 크림 전쟁 중 세바스토폴 공방전에 참전했다. 1856년 퇴역한 그는, 자신의 경험을 토대로《세바스토폴 이야기》를 기점으로 단편 소설들을 꾸준히 발표하며 작가로서의 입지를 굳혔다. 이후 1869년, 그의 걸작《전쟁과 평화》를 발표하며 세계적인 명성을 얻었으며, 1877년에는《안나 카레니나》를 완성한다. 톨스토이는 젊은 시절에는 방탕하게 생활했지만, 두 작품을 집필하면서 기독교와 인간의 구원 문제에 깊게 빠져들었다.

> "그대에게 죄지은 사람이 있거든,
> 그가 누구이든 잊고 용서하라.
> 그대는 '용서'라는 행복을 알 것이다."
> –레프 톨스토이

이후 신학과 성서를 연구하고, 청빈한 삶을 추구하면서 다양한 작품을 집필했다. 이때부터 그는 '톨스토이주의'라 불리는 자신의 사상을 체계화하였다. 이후 1879년 《참회록》, 1899년에는 《부활》을 발표하며 정치, 종교, 사회 문제에 관한 집필을 계속했으나, 1901년 종교문제로 러시아정교회에서 파문당한다. 하지만 파문후에도 그는 집필을 이어나갔으며, 더욱 명망 높은 사상가로 존경받았다.

하지만 톨스토이의 사생활은 편하지 않았다. 그는 작품의 저작권 포기 문제로 아내와 불화 상태였다. 그리고 1910년, 갈등에 시달리던 톨스토이는 가출하지만, 폐렴을 앓다가 그해 11월, 아스타보역에서 생을 마감했다.

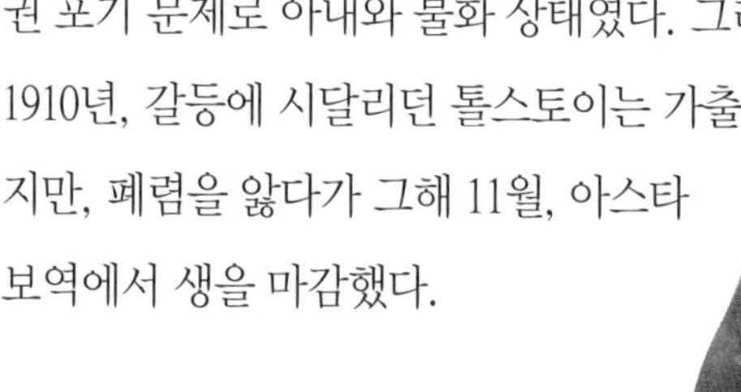
모스크바에 세워진 톨스토이의 동상

톨스토이 사상의 집대성

《안나 카레니나 (Anna Karenina)》

《안나 카레니나》는 주인공인 안나와 브론스키의 운명적인 사랑과 파국적인 결말을 담은 작품이다. 표면적으로는 두 사람의 불륜이 주된 내용이지만, 이면에는 안나의 삶을 통한 사랑과 결혼, 죽음과 용서의 의미를 다루면서 인생의 참된 가치를 일깨워주고 있다. 또한, 이 작품은 톨스토이가 남긴 최고의 사실주의 작품으로, 19세기 러시아의 상류층에 대한 실제적인 묘사로 위선적인 귀족들을 비판하고 있다.

"행복한 가정은 모두 비슷하지만,
불행한 가정은 불행한 이유가 제각기 다르다."
-《안나 카레니나》 중에서, 도입부

19세기 러시아의 상트페테르부르크에 사는 안나 카레니나는 젊고 아름다운 귀부인으로, 모두가 선망하는 삶을 살고 있었다. 그녀의 남편 알렉세이는 귀족이자 정치 고위 관료였으며, 여덟 살 난 아들은 잘 자라났고, 집안도 풍족했다.

1488년 작, 영화 〈안나 카레니나〉의 한 장면으로, 세기의 여배우 비비안 리가 안나 역을 열연했다.

어느 날, 안나는 오빠 부부의 파경을 중재하기 위해서 모스크바로 향한다. 그리고 그녀는 오빠의 바람으로 상처받은 올케를 보살펴야 한다고 생각했다. 그런데 모스크바 기차역에서 우연히 브론스키 백작을 마주쳤다. 그는 명문 집안의 젊은 장교로, 준수한 외모에 성격까지 쾌활해서 상류사회의 핵심인물이었다.

두 사람은 서로에게 운명적인 사랑을 느꼈지만, 이미 가정이 있는 안나는 그를 피해 집으로 돌아왔다. 그러나 브론스키는 그녀를 따라 상트페테르부르크까지 왔고, 계속해서 안나에게 접근한다. 결국, 망설이던 안나는 브론스키를 받아들이고, 정숙했던 그녀가 격렬한 사랑에 빠지자, 그녀의 결혼생활도 위기를 맞는다.

> "당신이 계신 곳에 있고 싶어서 여기까지 왔습니다.
> 전 달리 어떻게 할 수 없습니다."
> 안나가 마음속으로는 원하나 그녀의 이성이 두려워한 그 말을
> 그가 입 밖으로 냈던 것이다."
> –《안나 카레니나》 중에서

불륜에 빠진 안나는 브론스키의 아이까지 임신하게 되고, 자신의 사랑을 이루기 위해서 남편 알렉세이에게 이혼을 요구했다. 그녀는 자신이 누리던 모든 것을 버리고 브론스키를 선택한 것이다. 하지만 알렉세이는 그녀의 요구를 들어주지 않는다. 한편 안나에 대한 나쁜 소문이 돌기 시작하는데, 남편과 아이까지 있는 여자가 올케의 동생의 남자를 가로챘다는 것이다. '상류사회의 꽃'과 같았던 그녀는, 이제 사교계의 냉대는 물론 사회에서도

지탄받는 대상으로 전락했다.

그런데 당시 러시아 귀족들은 남몰래 너도나도 불륜 관계가 있었는데, 오히려 안나는 숨기지 않아서 욕을 먹는 상황이었다. 마침내 안나는 남편과 아들의 곁을 떠나 브론스키를 따르고, 그의 딸까지 낳는다. 하지만 두 사람의 사랑은 점점 파국으로 치닫는다. 안나는 브론스키를 진심으로 사랑했지만, 브론스키의 사랑은 점점 식어갔다. 그렇게 두 사람은 서로 의심과 질투를 하게 되고 싸움을 하게 된다.

"이제 아무것도 보이지 않고, 어떤 것을 보아도 소름 끼치게 되었다면, 촛불을 꺼버려도 되지 않을까?"

–《안나 카레니나》 중에서

안나에게서 마음이 떠난 브론스키는 또 다른 여자에게 빠져버린다. 완벽한 사랑은 존재하지 않는다는 것을 깨달은 안나는 절망하지만, 이제 그녀가 갈 곳은 없었다. 결국, 그녀는 영원한 자유를 찾기 위해 철로에 뛰어들어 스스로 삶을 마감했다.

영화 〈안나 카레니나〉의 한 장면으로, 절망한 안나가 기차에 몸은 던지는 장면이다.

그녀는 마치 잠에서 깨어난 것 같았다. 그녀는 위선과 오만 없이 자기가 도달하고자 하는 그 경지를 고집한다는 것이 얼마나 어려운가를 절실히 느꼈다.

–《안나 카레니나》 중에서

난 아무것도 입증하고 싶지 않아요. 난 그저 살고 싶을 뿐이에요. 난 자신 외에는 그 누구에게도 불행을 끼치고 싶지 않아요.

–《안나 카레니나》 중에서

아무도 자기의 재산에는 만족하지 않지만, 누구나 자신의 지혜에는 만족한다.

–《안나 카레니나》 중에서

인생의 변화, 인생의 매력, 인생의 아름다운 그 모든 것은 빛과 그림자로 이루어져 있기 마련이다.

–《안나 카레니나》 중에서

영화 〈안나 카레니나〉에서 사랑에 빠진 안나와 브론스키의 모습이다.

4. 현대극의 아버지

헨릭 입센

(Henrik Ibsen)

"인간이 변하는 것은 빼어난 업적이 아니라
의지에 의해서이다."

노르웨이의 극작가이자 시인인 헨릭 입센이 한 말로, '인생은 자신의 의지에 따라 얼마든지 변화할 수 있다'라는 교훈을 주는 명언이다. 헨릭 입센은 근대 사실주의 산문극을 창시하여 '현대극의 아버지'로 불린다. 그는 불합리한 사회관습을 날카롭게 비판하며 인간의 정체성과 참된 삶을 모색하였다.

특히 헨릭 입센은 여성 문제와 사회 문제를 다룬 희곡을 집필했는데, '여성해방 운동'에 대한 깊은 관심으로 최초의 페미니즘(Feminism) 희곡인 《인형의 집》을 발표했다. 이 작품은 사회의 고착된 인습이 어떻게 여성의 성장과 자유를 억압하는지를 진지하게 폭로했고, 이후 여성운동에 큰 영향을 주었다.

또한, 헨릭 입센은 고국인 노르웨이를 배경으로, 노르웨이인의 삶을 담은 작품을 주로 집필했다. 그의 작품이 북유럽이 아닌 서유럽에서 주목받을 수 있었던 것은, '나라'보다 '시대'에 민감한 자의식을 갖고 있었기 때문이다. 그는 총 26편의 희곡을 남겼는데, 그중 12편을 노르웨이를 떠난 타향살이에서 완성하였다.

“이 세상에서 가장 강한 사람은 고독 속에서
혼자 힘으로 설 수 있는 사람이다.”
–헨릭 입센

헨릭 입센은 1828년, 노르웨이의 크리스티아니아(오슬로)에서 태어났다. 부유한 상인의 둘째 아들로 태어났지만, 그가 여덟 살 때 부친의 사업이 파산해 가난과 불행의 나락으로 떨어졌다. 불우한 환경 속에서 지내던 입센은 열여섯 살에 자립하기 위해서 그림스타라는 작은 항구마을로 떠났다. 이곳에서 그는 약방의 도제로 일하면서 독학으로 대학 진학을 준비했으며, 신문에 시를 기고하는 등 궁핍한 생활 속에서도 작가로서의 꿈을 키워나갔다.

헨릭 입센_ 사실주의 산문극을 창시한 그는 근대 사상과 여성해방 운동에 깊은 영향을 끼쳤다.

1848년, 그는 스무 살에 첫 희곡인 《카틸리나》를 발표했지만, 크게 주목받지 못한 채 낙담만 안겨주었다. 1850년, 크리스티아니아로 돌아온 그는《전사의 무덤》을 발표했으며, 이를 계기로 극작가의 길에 전념했다. 이듬해인 1851년 노르웨이 극단에서 연출가로 일하게 되는데, 이때 그는 145편 이상의 각기 다른 희곡들을 제작하는 데 참여했다. 이런 경험은 그가 훗날 극작가로 대성하는 데 큰 도움이 되었다.

헨릭 입센은 1857년에서 1864년까지 최초의 현대극인 《사랑의 희극》과 《왕위를 노리는 자》를 발표하지만, 역시 인정받지 못했다. 이후 그는 이탈리아 로마에서 지내면서 《브란》, 《페르 귄트》 등을 발표하며 점차 극작가로서의 명성을 얻게 된다. 1873년 《황제와 갈릴리인》을 발표하고, 그 후 몇 년 동안 헨릭 입센은 비약적인 활약을 보였다. 이후 1877년 《사회의기둥》과 1879년 《인형의 집》을 연달아 발표하면서 사회 문제를 다룬 희곡으로 큰 주목을 받는다.

"권력의 큰 비밀은 성취할 수 있는 것보다
절대 더 많이 하려고 하지 않는 것이다."
–헨릭 입센

1891년, 세계적인 명성을 얻은 헨릭 입센은 28년 만에 고국 노르웨이로 돌아와 크리스티아니아에 자리 잡았다. 그는 만년에는 보통 2년에 희곡 1편씩을 집필했고, 초고를 반복하여 수정하면서 최종 형태에 이르는 식으로 작업했다. 이후 헨릭 입센은 조용하게 여생을 보내면서 지난 삶을 회고하고 정리했다. 1900년, 뇌출혈로 첫 발작을 일으킨 이후 1906년, 동맥 경화증으로 생을 마감했다.

헨릭 입센의 조각상

최초의 패미니즘 희곡

《인형의 집 (A Doll's House)》

《인형의 집》은 여성해방 문제를 최초로 다룬 작품이다. 주인공 노라는 예쁜 딸과 착한 아내, 자애로운 엄마였지만, '한 인간'으로서의 출발을 위해 결국 집을 나간다. 비록 노라는 '고생길'을 선택하지만, 자유를 찾은 '현대 여성'의 상징이 되었다. 이 작품이 발표된 19세기 유럽의 여성들은 참정권도, 유산상속권도 없었으며, 오로지 남편에게 복종하고, 가족에게 헌신하는 것이 존재 이유였다. 《인형의 집》에서 헨릭 입센은 가부장적 질서를 정면으로 날카롭게 비판했다.

> "행복한 적은 없었어요. 행복한 줄 알았죠.
> 하지만 한 번도 행복한 적은 없었어요."
> –《인형의 집》 중에서, 노라

은행가 남편과 천사처럼 착한 아이들을 둔 노라, 그녀는 사랑받는 아내이자 세 아이의 엄마로 남부러울 것이 행복한 집에 살고 있었다. 그녀는 결혼 전에는 아버지의 귀여운 딸로, 결혼 후에는 남편의 사랑스러운 아내이자 자애로운 어머니로 사는 것을 바랐고, 또 그것이 '여자의 행복'이라고 여겨왔다.

그러던 어느 날, 남편의 부하 직원이 찾아왔다. 그는 부정을 저

노라_ 사랑받는 아내와 자애로운 엄마였던 그녀는 남편의 출세와 자식들의 건강을 행복으로 여기는 평범한 여인이었다. **프란시스 코츠 존스의 작품.**

질러 은행에서 해고당할 위기에 있었는데, 자신이 아는 비밀을 빌미로 노라에게 청탁을 하는 것이었다. 노라는 거절하려고 하지만, 그럴수록 부하 직원은 그녀를 협박했다. 노라는 한가지 비밀이 있었다. 결혼 초, 남편이 갑자기 큰 병에 걸려 많은 돈이 필요했는데, 자존심이 강한 남편을 위해 몰래 친정아버지의 서명을 위조해 어느 변호사에게 돈을 빌린 것이다.

그녀는 그동안 바느질이나 서류 작업으로 푼돈을 벌어 남편 몰래 그 돈을 갚아 왔다. 다행히 남편은 건강을 되찾았고, 곧 은행장 취임을 앞두고 있었다. 그리고 은행원이 된 변호사는 남편과 같은 은행에 근무하는 부하 직원이 된 것이다.

"나는 당신의 인형 아내였어요.
친정에서 아버지의 인형 아기였던 것이나 마찬가지로요.
그리고 아이들은 다시 내 인형들이었죠."
-《인형의 집》 중에서, 노라

이런 사실을 모르는 남편은 은행장 취임을 계기로 그를 해임하려 한다. 그러자 부하 직원은 노라가 서명을 위조한 것을 내세우고, 자신을 은행에 계속 있게 하도록 남편에게 부탁하지 않으면 그녀의 비밀을 폭로할 뿐만 아니라, 남편을 은행장에서 물러나게 하겠다고 위협했다.

결국, 노라는 남편에게 부하 직원의 해고를 취소하도록 부탁하지만, 이를 남편은 무시했고, 부하 직원은 해고된다. 이후 부하 직원은 노라의 비밀을 남편에게 폭로한다. 그러자 남편은 노라를 사기꾼과 범죄자 취급을 하며 윽박지른다. 그는 자신의 병 치료를 위한 돈이었다는 노라의 설명에도 불구하고, 오로지 자신의 사회적 체면이 손상된 것만을 걱정할 뿐, 그녀의 곤경에는 아랑곳하지 않았다. 도리어 배신당했다며 노라에게 욕을 퍼붓는다. 게다가 그녀가 아이를 키울 자격이 없다며 양육권을 빼앗으려 한다.

그러던 중 부하 직원이 마음을 바꿔 노라가 쓴 차용증을 남편에게 되돌려주며 협박한 일을 사과했다. 그러자 남편은 조금 전까지 윽박지르던 태도에서 돌변하여 다시 미소 지으며 달콤한 말을 노라에게 건넨다. 남편에게 노라의 감정은 중요하지 않았고, 이런 남편의 모습을 본 노라는 남편이 낯설게 느껴졌다.

""나는 당신이 나를 데리고 노는 게 즐겁다고 생각했어요.
내가 아이들을 데리고 놀면 아이들이 즐거워하는 것과 마찬가지로요.
그게 우리의 결혼이었어요."
-《인형의 집》 중에서, 노라

노라는 남편의 이중적인 행동을 통해, 그가 위선적이며 비겁한 인간임을 깊이 깨닫는다. 자신은 결혼 생활 중에 인간으로서 대접받지 못했으며, 그저 남편의 자그마한 종달새나 인형에 불과했다고 느끼게 된다. 그리고 노라는 결혼반지와 집 열쇠를 남편에게 돌려주고, 주체적인 인격을 지닌 한 인간으로서 살기 위해, 새로운 세상을 향해 허위와 위선이 가득한 '인형의 집'을 떠난다.

연극 〈인형의 집〉에서 노라와 남편 헬마가 심하게 언쟁을 벌이는 장면이다. 록키 힐 로드 플라 잉 앤빌 극장의 연극.

여자이기 전에 먼저 '인간'이어야 한다. 일개의 여성은 현재 사회에선 그 자신의 존재일 수 없다. 현 사회는 전제적인 남성의 사회다. 법률은 남성의 손으로 만들어져서 여성의 행위가 남성의 관점에서만 판단된다.

-《인형의 집》 중에서

당신은 진실을 말했어요. 난 아이들을 키울 수 없어요. 그 전에 꼭 해야 할 일이 있어요. 나 자신을 가르치는 일이죠. 당신은 도움이 안 돼요. 나 혼자 할 거예요. 그래서, 난 당신을 떠날 거예요. 나 자신과 세상을 제대로 알기 위해, 난 완전히 독립해야 해요. 그래서 이제 더 이상 당신과 함께 있고 싶지 않은 거예요.

-《인형의 집》 중에서, 노라

5. 세계 문학사를 빛낸 자매

샬럿/에밀리 브론테
(Charlotte, Emily Bronte)

"날마다 똑같기만 해.
무거운 표정으로 아무 생기(生氣)도 없이 사는 분들 속에,
이곳에 나는 하염없이 묻혀있는 것 같아."

서른 살 무렵의 샬럿 브론테가 도시에 있는 친구에게 쓴 편지로, 당시 남성 중심의 사회에서 살던 브론테 자매의 모습을 대변하고 있다. 브론테 자매는 영국 문학계의 여류 작가인 샬럿과 에밀리, 앤 브로테를 말한다. 한 가정에서 자라난 브론테 자매는 모두 세계 문학사를 빛낸 작가가 되었다.

브론테 자매가 살던 빅토리아 시대(1837~1901년)에는 순종하고, 인내하며, 봉사하는 여성을 이상적으로 여겼다. 이런 시대에 여성이 글을 쓴다는 것은 종교와 사회적으로 용납되지 않았다. 그래서 브론테 자매의 초기 작품에는 남성의 이름을 필명으로 사용했는데, 각각 커러 벨, 앨리스 벨, 액튼 벨이라는 이름이었다. 여성에 대한 편견과 압박은 오히려 그녀들의 천재성을 더욱 자극하여 문학의 길을 열정적으로 추구했다.

샬럿 브론테의 《제인 에어》와 그녀의 여동생 에밀리 브론테의 《폭풍의 언덕》은 세계 문학사의 명작이다. 또한, 막내 앤 브론테도 영문학의 고전인 《아그네스 그레이》를 남겼다. 그녀들의 작품은 발표

당시부터 커다란 반향을 일으켰으며, 후대에는 연극과 영화로 재탄생되면서 지금까지도 많은 사람에게 사랑받고 있다.

"그대의 의지가 그대의 삶을 결정하리라."
–샬럿 브론테

샬럿 브론테는 1816년 영국 성공회의 목사 집안에서 여섯 남매 중 셋째로 태어났으며, 1818년에 에밀리 브론테가 태어났다. 이들은 원래 여섯 남매였으나 첫째 마리아와 둘째 엘리자베스는 일찍 죽었고, 샬럿이 다섯 살 때 어머니마저 죽자 샬럿이 장녀로서 나머지 동생들을 돌보았다.

브론테 자매의 초상_ 1835년경 남동생 브란웰 브론테가 그린 세 자매의 초상화로, 왼쪽부터 샬럿, 에밀리, 앤이다. 에밀리와 샬럿 사이에 브란웰이 그려져 있었지만, 자신이 직접 지웠다.

1824년, 샬럿과 에밀리는 랭커셔 코완 브리지에 있는 클러지 여자 기숙학교에 들어갔다. 이미 언니 마리아와 엘리자베스가 그곳에 있었고, 네 자매는 함께 생활했다. 그러나 학교의 시설은 너무 열악했고, 교육도 엄격했다. 샬럿은 훗날 이곳을《제인 에어》의 주인공 제인이 자란 로우드 기숙학교의 모델로 삼았다.

1825년, 마리아와 엘리자베스가 학교에서 전염병에 걸려 죽고, 그해 여름 샬럿과 에밀리는 집으로 돌아왔다. 소녀 시절부터 상상력이 풍부했던 자매들은 다양한 분야의 책을 읽으면서 독학으로 문학 수업을 했는데, 각자 글을 쓰고 또 서로 비평을 하면서 작가의 꿈을 키웠다.

"나누지 않는 행복은 행복이라고 할 수 없다.
거기에는 아무런 고상함도 없기 때문이다."
-에밀리 브론테

1846년, 브론테 자매들은 《커러, 엘리스, 액턴 벨 시집》을 발표했지만, 큰 반응은 없었다. 이후 1847년, 샬럿은 《제인 에어》를 발표하고, 즉각적인 성공을 거두었다. 그리고 두 달 후, 에밀리는 《폭풍의 언덕》을 발표하고, 앤도 《아그네스 그레이》를 발표했다. 에밀리와 앤의 작품은 당시에는 주목받지 못했지만, 오늘날에는 각각 문학과 영문학의 고전으로 평가받는다.

작가로서의 명성을 얻은 샬럿은 활발한 작품 활동을 했다. 반면 에밀리는 고향으로 돌아와 칩거(蟄居) 생활을 하다가 1848년 폐결핵으로 숨을 거두었다. 앤도 폐결핵으로 이듬해인 1849년 세상을 떠났다. 혼자남은 샬럿은 아버지와 함께 살면서 《셜리》, 《빌레트》를 필명으로 발표한다. 그리고 1855년 동생들을 따라 생을 마감했다.

영국 호어스에 있는 브론테 박물관으로, 브론테 자매들이 살았던 목사관을 1968년 박물관으로 개관했다.

최초의 여성 성장소설

《제인 에어 (Jane Eyre)》

《제인 에어》는 주인공 제인이 삶의 고난을 견디고 성장하면서 진정한 사랑과 결혼의 의미를 찾게 되는 내용의 작품이다. 19세기 영국 사회는 여성의 재능과 개성을 압박하던 시대였다. 따라서 자신의 운명을 스스로 개척하는 내용을 담은 《제인 에어》는 당시에는 파격적인 작품이었다. 또한, '제인 에어'라는 새로운 여성상은 작가 자신의 삶과 비슷했다. 샬럿 브론테는 당시 사회의 편견과 압박에도 굴복하지 않고, 자신의 삶을 개척한 것이다.

"나는 새가 아니다.
나를 잡아둘 그물은 없다.
나는 독립적인 의지를 가진 자유로운 인간이다."
-《제인 에어》 중에서

어린 시절 부모를 잃고 외숙부의 집에 맡겨진 제인 에어는 외숙부가 죽자 외숙모인 리드 부인과 외사촌들과 함께 자랐다. 제인은 그들에게 온갖 학대를 당했지만, 그저 고분고분 물러나는 아이는 아니었다. 어느 날, 외사촌의 시비로 시작된 싸움으로 제인만 방에 갇히는 벌을 받게 되고, 이때부터 제인은 세상이 불공평하다는 것을 깨닫는다.

영화 〈제인 에어〉에서 로체스터와 사랑에 빠진 제인의 모습이다.

그 후 제인은 고아들을 위한 자선기관인 로우드 자선학교로 보내졌다. 그러나 이곳의 교장인 브로클허스트 목사는 위선적이었고, 학생들은 열악한 환경과 굶주림에 시달렸다. 제인은 이곳에서도 힘든 나날을 보내지만, 그녀의 능력을 알아봐 준 템플 선생과 폐병을 앓으면서도 온화한 성품을 지닌 친구 헬렌을 만난다. 두 사람의 도움으로 시련을 이겨낸 제인은 그녀들에게 삶의 의미와 행복 등을 배우면서 차츰 성장했다.

로우드 학교에서 학생으로 6년, 교사로 2년을 보낸 제인은 숀필드 가문의 가정교사로 추천을 받고, 새로운 삶을 꿈꾸며 이곳을 떠났다. 숀필드의 사람들은 제인을 친절하게 맞이하고, 그녀는 처음으로 삶의 평온함을 느낀다. 그리고 그곳에서 숀필드 저택의 주인 로체스터를 만난다. 그는 높은 사회적 신분과 막대한 부를 갖췄지만, 괴팍하고 냉소적인 성격에 스무살 연상의 남자였다.

그러나 그의 강렬한 매력에 제인은 끌리게 되고, 마침내 두 사람은 신분과 나이 차이를 극복하고 사랑에 빠져 결혼을 약속한다.

"운다는 것은 네가 약하다는 뜻이 아니다.
태어났을 때부터 그것은 항상 네가 살아 있다는 증거였다."
-《제인 에어》 중에서

그런데 이 저택은 밤만 되면 이상한 웃음소리가 들리고, 제인은 무슨 비밀이 있다고 생각하지만, 로체스터와 저택 사람들은 이를 부정했다. 그리고 두 사람의 결혼 당일, 제인은 로체스터가 정신병에 걸린 아내를 저택 안에 숨기고 있다는 사실을 알고는 절망에 빠진다. 결국 제인은 숀필드를 떠나고, 길거리를 헤매던 중 존 리버스 목사의 도움을 받아 무어 하우스에서 지내게 된다. 그녀는 그곳에서 다시 새로운 삶을 개척하며 살아가는데, 존 리버스 목사로부터 청혼을 받는다.

하지만 제인은 로체스터를 잊을 수 없었고, 청혼을 거절하고 다시 로체스터에게 돌아간다. 그러나 그곳은 이미 폐허가 되어 있었다. 로체스터의 부인이 저택에 불을 내 자살하고, 로체스터는 모든 재산뿐 아니라 한쪽 눈과 팔까지 잃어 불구의 몸이 되었다. 초라해진 로테스터를 본 제인은 다시 사랑을 확인하고, 그와 결혼을 결심한다. 신에게 감사할 줄 아는 마음을 갖게 된 로체스터를 보면서 이제 그를 섬겨야 할 주인이 아닌 동등한 반려자로 받아들일 수 있었기 때문이다.

시대를 앞서간 명작

《폭풍의 언덕 (Wuthering Heights)》

에밀리 브론테의 《폭풍의 언덕》은 황량한 언덕에 있는 워더링 하이츠에서 일어난 캐서린과 히스클리프의 격정적인 사랑과 증오, 처절한 복수가 담긴 작품이다. 19세기 영국 빅토리아 시대는 유독 도덕의식이 엄격했다. 그래서 이 작품이 발표되었을 때 비윤리적이라는 이유로 혹평을 받았지만, 지금은 인간 내면의 감춰진 모순과 혼돈을 서정적으로 묘사했다는 평가를 받으며 영국 문학을 대표하는 작품으로 평가받고 있다.

"인간은 결국 자신을 위해 사는 거죠.
조용하고 인자한 사람이 차라리 거만한 사람보다
더 이기적일 수도 있는 것입니다."
–《폭풍의 언덕》 중에서

1801년 영국 요크셔 지방, 황량한 벌판의 폭풍의 언덕에 있는 워더링 하이츠에 세입자인 락우드가 저택의 주인 히스클리프를 만나기 위해 찾아온다. 밤이 되자 눈보라에 갇히게 되고, 이곳에서 하룻밤을 묵게 된다. 2층의 외딴방으로 안내받은 락우드는 방안에서 우연히 캐서린 언쇼의 일기를 발견한다. 게다가 소녀의 모습을 한 유령이 나타나 "20년 동안 헤맸다. 집으로 들여보내 달

1939년 작 영화 〈폭풍의 언덕〉의 한 장면으로, 애증에 찬 히스클리프가 캐서린의 유령에게 절규하는 모습이다.

라"고 그에게 애원했다.

이때 히스클리프가 들어오고, 락우드에게 유령에 대한 이야기를 듣자마자 화를 내며 그를 내쫓는다. 다음날, 집으로 돌아간 락우드는 가정부 넬리에게 저택에서 있었던 일들을 듣게 된다. 폭풍우 치는 어느 날, 저택의 주인 언쇼가 고아 히스클리프를 데려와 친아들처럼 키웠다. 히스클리프는 언쇼의 남매와 함께 자라면서 캐서린과는 친밀해졌지만, 힌들리와는 사사건건 충돌한다. 힌들리는 도시의 대학에 입학하며 폭풍의 언덕을 떠나고, 히스클리프와 캐서린은 점차 사랑에 빠진다.

이후 언쇼가 노환으로 죽자 힌들리는 집으로 돌아오고, 히스클리프를 가혹하게 학대한다. 그러나 히스클리프는 캐서린에 대한 사랑으로 힘든 시간을 견뎠다. 그러던 어느 날, 히스클리프는 캐서린과 넬리의 대화를 우연히 엿듣게 되고, 캐서린에 대한 오해로 저택을 떠나버린다. 캐서린은 그를 찾아 나섰지만 찾을 수가 없었고, 지주의 아들인 에드가와 결혼한다.

"나의 장래는 단 두 마디면 족할 거야.
죽음과 지옥이라는 두 마디.
캐서린을 잃어버린 뒤의 내 삶이란 지옥일 거야."
-《폭풍의 언덕》 중에서, 히스클리프

3년 후, 부자가 되어서 돌아온 히스클리프는 자신을 괴롭혔던 힌들리를 도박으로 파산시켜 워더링 하이츠를 차지한다. 또한, 힌들리의 아들에게 자신이 당한 만큼 앙갚음하고, 캐서린의 남편의 여동생인 이사벨과 결혼해 그녀를 학대했다. 캐서린은 자기 때문에 일어난 히스클리프의 복수와 애증에 괴로워하며 죽게 된다.

한편, 에드가는 캐서린이 죽기 전 낳은 딸의 아름을 아내의 이름을 따 '캐서린'이라 짓고, 아내를 그리워하며 산다. 그리고 이사벨은 히스클리프와의 사이에서 낳은 아들을 '린튼'이라고 이름 짓는다. 십여 년 후, 캐서린은 히스클리프의 계략으로 린튼과 강제로 결혼한다. 이후 아버지 에드가가 죽자 모든 재산을 상속받지만, 이는 남편 린튼에게 귀속되었다. 이후 린튼이 병으로 요절하자 모든 재산은 히스클리프가 차지하면서 그의 복수도 끝이 났다.

몇 년 후, 히스클리프는 영원한 사랑이었던 캐서린의 영혼을 찾아 헤매다 쓸쓸히 숨을 거둔다. 그렇게 폭풍의 언덕의 불행한 역사는 끝나고, 새로운 역사가 시작된다.

폭풍의 언덕 위에 있는 워터링 하이트 저택

남을 원망하거나 미워하는 것으로 세월을 보내기에는 인생이 너무 짧은 것 같아. 이 세상을 살아가는 사람은 누구나 실수를 하고, 약점을 가지고 있어. 서로 용서를 해줘야 해. 그런 약점과 허물투성이 인생이 전부가 아니잖아.

-《제인 에어》 중에서, 헬렌

'나도 이제 참는 게 지겨워요.' 나는 대답했지. '나 자신에게 되돌아오지만 않는다면 나도 얼마든지 보복을 하겠어요. 하지만 배반이나 폭력은 양쪽 끝이 뾰족한 창과 같아서, 그것을 쓰는 사람이 그걸 받는 사람보다 더 크게 다치는 법이지요.'

-《폭풍의 언덕》 중에서

6. 프랑스 자연주의 문학의 창시자

에밀 졸라
(Emile Zola)

"내가 무엇 때문에 태어났는지 묻는다면,
예술가로서 이렇게 대답할 것이다. '소리치며 살기 위해서'라고."

19세기 프랑스의 대표적인 자연주의 문학의 작가 에밀 졸라가 한 말이다. 그는 자신의 작품 속에 당대 논란의 여지가 있는 주제를 기록체로 담아내어 현대소설의 기폭제 역할을 하였다. 또한, 에밀 졸라는 '인간의 심리는 생리적 현상에 의해 좌우된다'라고 여기고, 이것을 관찰하는 게 자신의 사명이라고 여겼다. 그는 자신의 사명에 따라 집필을 했다.

에밀 졸라는 프랑스 낭만주의 문학을 존중했지만, 당시 사회를 비판적으로 바라보며 사실주의에 기울었고, 이후 자연주의 문학을 창시하였다. 1867년 《테레즈 라캥》을 발표하며 등단한 에밀 졸라는, 이후 자연주의 작가로서 명성을 얻는다. 그의 대표작으로는 《테레즈 라캥》, 《실험소설》, 〈루공 마카르 총서〉가 있다.

특히 유전학을 토대로 20권의 연작소설로 이루어진 〈루공 마카르 총서〉에는 《목로주점》, 《나나》, 《제르미날》, 《인간 짐승》 등 그의 걸작들이 속해 있다. 그중 《목로주점》은 당시 금기시되었던 '민중의 삶'을 다루었다. 에밀 졸라는 사회악으로 인해 고통받는 사람들, 그리고 사회악에 맞서는 그들을 이야기를 통해서 인간성의 건전한 부분을 찾아서 밝히고자 했다. 그러나 노동자, 농민, 매춘부 등 하층민들의 삶을 노골적 언어로 적나라하게 집필하여 문단의 엄청난 비난을 받는다. 하지만 대중에게는 큰 인기를 얻으면서 19세기 프랑스 최고의 베스트셀러가 되었다.

> "행동하고, 창조하고, 환경과 싸워라!
> 이기든 지든 그것이 건강한 사람의 삶이다."
> –에밀 졸라

에밀 졸라는 1840년 프랑스 파리에서 이탈리아인 아버지와 프랑스인 어머니 사이에서 외아들로 태어났다. 그의 일가족은 토목기사였던 아버지를 따라 프랑스 남부 엑상프로방스로 이주했으며, 그곳에서 어린 시절을 보낸다. 그러나 1847년 아버지의 갑작스러운 죽음으로 생계가 어려워진 그는, 이후 파리로 올라와 생루이 고등학교에서 학업을 마쳤다.

에밀 졸라의 초상_ 마네의 작품성을 진정한 에밀 졸라는 비판에 직면한 그를 옹호하였고, 이후 두 사람은 친한 사이가 된다. **에드아르 마네의 작품.**

1859년, 대학입학자격 시험을 치렀으나 떨어진다. 그 후 일자리를 얻지 못해 생계가 어려웠지만, 문학 작품을 읽으면서 버텨냈다. 1862년, 아셰트 출판사에 입사하여 여러 작가를 만나고, 문화계와 교류하면서 단편 소설과 비평을 썼다. 이후 1866년에 출판사를 그만두고 전업 작가가 되어 여러 작품을 집필하기 시작했다.

에밀 졸라는 1871년에 〈루공 마카르 총서〉의 제1권인 《루공 집안의 운명》 발표를 필두로, 이후 5년 동안 다섯 작품을 더 집필했다. 그는 〈루공 마카르 총서〉를 완성하는 데 무려 23년이 걸렸는데, 〈루공 마카르 총서〉에 하류층을 풍자적으로 묘사하면서 당대 프랑스 사회와 인간의 추악함과 비참함을 사실적으로 썼다.

"진실이 땅속에 묻히면 조금씩 자라나 엄청난 폭발력을 축적하고,
마침내 터지는 날에는 세상 모든 것을 날려 버린다."
–에밀 졸라

1877년, 당대의 문제작인 《목로주점》을 발표한 에밀 졸라는 세계적인 명성을 얻었다. 그는 작품을 출간할 때마다 여러 이유로 논란을 일으켰는데, 1898년에 평론 〈나는 고발한다〉를 발표하며 유대인 드레퓌스를 옹호하는 일이 벌어진다. 결국, 매국노로 낙인이 찍힌 그는 영국 런던으로 망명했다. 에밀 졸라는 런던에서 새로운 사회를 바라며 〈사복음서〉와 《진실》을 집필했다. 1902년, 《정의》를 쓰던 그는 난로 굴뚝이 막혀 가스 중독으로 생을 마감하지만, 에밀 졸라의 죽음에 대한 의혹은 여전하다.

파리 하층민들의 삶을 다룬 소설

《목로주점 (木爐酒店)》

에밀 졸라의 《목로주점》은 외설이라는 비난과 걸작이라는 찬사를 함께 받은 작품이다. 이 작품은 알코올중독자인 아버지의 유전자를 물려받은 여주인공 제르베즈가 점차 알코올중독에 빠지면서 비참한 삶을 마감하는 내용이다. 에밀 졸라는 자연주의적 관점 입각하여 작품 속 제르베즈의 굴곡진 삶을 통해서 인간의 추악한 욕망을 적나라하게 파헤쳤다.

"나의 작품이 나를 변호해줄 것이다.
이 작품은 거짓말을 하지 않는 민중의 냄새가 나는 최초의 민중 소설이다."
–《목로주점》에서, 서문

제르베즈는 빼어난 미모를 지닌 스물두 살의 젊은 부인이다. 다리를 조금 절었으나 상냥한 성격에 부지런한 여성이었다. 그녀는 세탁소에 일하면서 가난했지만, 소박한 꿈을 품고 살았다.

1956년 작 영화 〈목로주점〉에 등장하는 제르베즈의 모습이다.

그런데 세탁소에서 일할 때 만난 모자 제작공 랑티에와 동거를 하면서 두 아이를 낳는다. 제르베즈는 돈을 벌고자 열심히 일하지만, 다른 여자와 바람이 난 랑티에는 처자식을 버리고 집을 나갔다.

영화 〈목로주점〉의 한 장면으로, 부지런하고 생활력 강한 제르베즈의 모습이다.

제르베즈는 절망했지만, 두 아이를 위해 마음을 추스르고 다시 열심히 살아간다. 이때 그녀에게 함석공 쿠포가 나타난다. 착하고 부지런한 쿠포는 제르베즈를 진심으로 사랑하며 아껴준다. 그녀는 쿠포와 함께 열심히 일하면서 돈도 저축하고, 그 사이 딸도 두게 된다. 그리고 두 사람의 꿈이었던 세탁소를 차릴 무렵, 지붕에서 일하던 쿠포가 떨어져 다리가 부러진다.

"난 욕심이 많은 여자가 아니에요.
삶에서 큰 걸 바라지 않죠.
언제나 먹을 빵과 지친 몸을 누일 깨끗한 방 한 칸이면 충분해요."
–《목로주점》 중에서, 제르베즈

이후 삶의 의욕을 잃은 쿠포는 목로주점에서 술만 마신다. 게다가 저축한 돈도 바닥나 세탁소 개업의 희망도 사라졌다. 이때 제르베즈에게 호감이 있던 대장장이 구제가 그녀에게 돈을 빌려주고, 세탁소를 차린 그녀는 날로 번창하여 많은 수입을 얻는다.

하지만 나태해진 쿠포는 목로주점을 다니며 술만 마시고, 이런 그를 보던 제르베즈도 결국 알코올 중독자가 된다.

그러던 어느 날, 술에 취한 쿠포가 그녀의 전 남편인 랑티에를 집에 데려온다. 이후 남자 둘에 여자 하나라는 해괴망측한 공동생활을 하며, 무능한 두 남자와 아이들을 먹여 살리던 제르베즈는 빚만 늘어갔고, 결국 파산하고 만다.

"누구나 다 가는 거지.
모든 사람의 자리는 다 마련되어 있는 거야.
이제 당신도 행복한 여자일세. 잘 자게나, 예쁜 아가씨야."
–《목로주점》 중에서, 장의사 바주즈

한편 제르베즈를 짝사랑하던 구제는 함께 도망갈 것을 제안하지만, 그녀는 이미 늦었다며 거절한다. 그리고 자신의 세탁소였던 곳에서 청소부로 전락한 제르베즈, 그녀는 그곳에서마저 쫓겨나 밤거리를 헤맨다. 하지만 아무도 돌봐주는 사람 없이 길거리에서 추위와 굶주림 속에서 비참한 최후를 맞는다.

영화 〈목로주점〉에서 절망에 빠져 알코올 중독자가 된 제르베즈의 모습이다.

제르베즈는 자신의 무덤으로 들어가듯 안으로 걸어 들어갔다. 그 시각에 황폐한 모습으로 입을 벌리고 있는 건물 입구가 마치 굶주린 짐승의 아가리처럼 보였다. 그런데 한때 그녀는 짐승의 사체처럼 흉물스럽기 짝이 없는 이곳 한 귀퉁이에서 사는 꿈을 꾼 적이 있었다. 그때는 귀가 멀어 저 벽들 뒤에서 나지막이 울리는 크나큰 절망의 음악 소리를 미처 듣지 못한 것이다. 그리고 그곳에 발을 들여놓은 후로 추락이 시작되었다.

–《목로주점》 중에서

나나_ 매춘부가 된 제르베즈의 딸, 나나의 모습이다. 에밀 졸라는 후속작 《나나》를 《목로주점》과 연계하였다. **에두아드 마네의 작품.**

7. 프랑스 사실주의 대표작가

기 드 모파상

(Guy de Maupassant)

"내가 무엇 때문에 태어났는지 묻는다면, 예술가로서 이렇게 대답할 것이다. '소리치며 살기 위해서'라고."

프랑스의 대표적인 사실주의 작가 기 드 모파상이 한 말로, 보불 전쟁(프로이센과 프랑스의 전쟁)에서 비극적인 참상을 목격한 그가 전쟁을 비난하기 위해 쓴 명언이다. 모파상은 자신이 경험했던 일들, 즉 군대나 직장에서 겪은 인간 유형들을 작품 속에 반영했다. 크게는 보불 전쟁을 비롯해 사회 계층 간의 갈등 등을 작품 속에 다루었다.

또한, 모파상은 일상 속 평범한 사건을 통해서도 인간의 심리 변화와 갈등을 작품에 담아 당대 프랑스 사회의 세태를 풍자했다. 모파상의 대표작 《비곗덩어리》와 《여자의 일생》은 인간의 내면을 세밀히 관찰하고, 객관적인 언어로 표현한 걸작이다. 그중 《비곗덩어리》는 인간의 위선과 욕망의 문제를 사실적으로 드러낸 작품으로, 단편 소설의 새로운 경지를 개척했다는 평가를 받는다.

모파상은 1850년 프랑스 노르망디 투르빌쉬라르크에서 태어났다. 그가 여덟 살 때 부모가 헤어졌는데, 그는 동생과 함께 어머니를 따라가 노르망디의 에트르타에서 자랐다. 1868년, 루앙에 있는 고등학교에 들어갔고, 1869년부터 파리에서 법률 공부를 시작했다. 그러나 1870년에 보불 전쟁이 일어나 학업을 중단하고, 군에 입대하였다.

"인생은 마치 등산을 하는 것과 같다.
위로 오르고 있는 동안에는 정상을 바라보면서
자신이 행복하다는 것을 느낄 수 있다."
–기 드 모파상

한편, 모파상의 어머니 로르는 프랑스 대표 작가 중 한 명인 귀스타브 플로베르의 친구, 알프레드 르 푸아트뱅의 누이동생이었다. 로르는 오빠가 32세의 젊은 나이로 세상을 떠난 후에도플로베르와 다정한 관계를 유지했다. 로르는 플로베르에게 전쟁터에서 돌아온 아들 모파상을 돌봐달라고 부탁했다. 이것이 모파상을 작가로 만든 도제 수업의 시작이었다.

귀스타브 플로베르_ 플로베르는 모파상의 문학 스승이자 양아버지의 역할을 하면서 모파상을 아꼈다.

플로베르는 파리에 머물 때마다 모파상에게 문체 강의를 하고, 그의 습작을 고쳐주곤 했다. 또한, 에밀 졸라, 이반 투르게네프, 헨리 제임스 같은 당대의 일류 작가들을 소개해 주었다. 이처럼 플로베르는 모파상을 격려하고 감화시켰을 뿐 아니라 양아버지

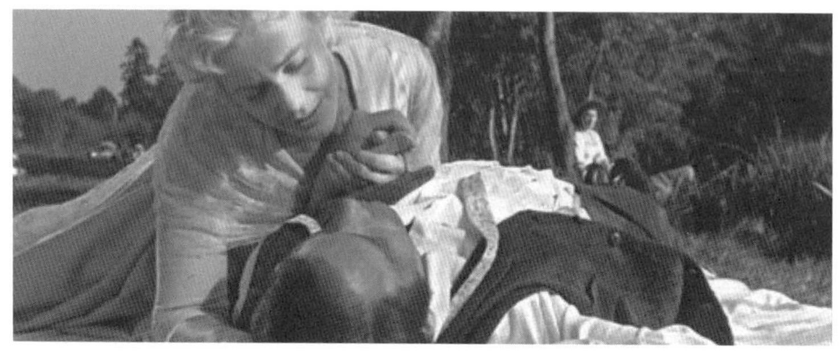

1958년 작 영화 〈여자의 일생〉의 한 장면으로, 잔느와 쥘리앙의 모습이다. 모파상의 작품은 연극과 영화로 재창조되는 경우가 많았다.

의 역할도 해주었다. 1880년 플로베르가 갑자기 세상을 떠났을 때 모파상이 받은 충격은 매우 컸다.

모파상의 작가로서의 전환점은 플로베르가 죽기 한 달 전인 1880년 4월에 왔다. 당시 모파상은 에밀 졸라가 이끄는 여섯 명의 작가 중 한 명이었는데, 그들은 전쟁에 관한 단편 소설을 각각 한 편씩 써서 《메당의 밤》을 출판했다. 이때 모파상은 《비곗덩어리》를 실었는데, 이 작품으로 그는 명성을 얻었다. 이후 1883년, 모파상은 장편소설 《여자의 일생》을 발표하였다. 이 작품은 선량한 한 여인의 환멸 섞인 일생을 염세주의적 필치로 그려 낸 작품으로, 프랑스 사실주의 문학이 낳은 걸작으로 평가받는다.

"나는 모든 것을 갖고자 했지만, 결국 아무것도 갖지 못했다."
-기 드 모파상의 묘비명

모파상은 스물일곱 살 때부터 신경질환에 시달렸지만, 그런 고통을 겪으면서도 10년간의 문단 생활에서 약 3백 편의 단편 소설을 비롯해 기행문 세 권, 몇 편의 희곡, 그리고 《죽음처럼 강하다》, 《우리들의 마음》 등의 장편소설 등 다작(多作)하였다. 그러나 모파상은 유명작가로서 부와 명예를 거머쥐었지만, 그의 말년은 비참했다. 그는 다작으로 인한 피로와 복잡한 여자관계, 신경질환이 악화되었다.

특히 그의 지병인 매독은 당시에는 치료가 불가능했다. 이 병은 그의 뇌를 망가뜨렸고, 1892년에 모파상은 니스에서 자살 시도까지 했다. 이후 그는 파리 교외의 정신병원에 수용되었다가 정신발작을 일으켰고, 1893년 7월 생을 마감했다.

프랑스 파리의 몽파르나스에 있는 모파상의 무덤이다.

인간의 위선과 이기심

《비곗덩어리 (Boule de suif)》

기 드 모파상의 《비곗덩어리》는 식욕과 성욕을 바탕으로 당시 프랑스 사회와 부르주아 계급의 위선을 담담하게 비판한 작품이다. 이 작품은 프랑스 루앙이 프로이센군에게 점령당한 후, 루앙에서 디에프로 가는 역마차 안에서 '비곗덩어리'라고 불리는 매춘부 엘리자베스 루세를 두고 벌어지는 내용이다. 그녀를 향한 부르주아 계층의 태도를 통해 인간의 위선과 비열함을 파헤쳤다. 모파상은 작품 속 인물들의 심리 변화와 상황 전개를 사실적이면서도 객관적으로 묘사하였다.

"왕이 있으면 밖에서 전쟁을 하고,
공화국이 만들어지면 안에서 전쟁을 한다."
-기 드 모파상

1870년 프랑스 루앙, 프러시아군에 패한 프랑스군은 후퇴하고, 프랑스는 포위되어 다음 날을 예측할 수 없었다. 이 상황을 견디기 어려웠던 사람들은 루앙을 떠나 영국으로 가려고 했다.

1934년 작 영화 〈비곗덩어리〉에서 '비곗덩어리'로 불리는 매춘부, 엘리자베스 루세의 모습이다.

이에 열 명의 사람들이 노르망디 호텔에 모여 한 마차에 타고, 프러시아 사령관의 허가를 받아 떠난다. 마차에 탄 사람들은 명문 귀족 내외와 방직공장을 여러 개를 가진 지방의회 의원 내외, 그리고 포도주 도매상 부부를 비롯해 코르뉘데라는 공화주의자, 두 명의 수녀 그리고 '비곗덩어리(Boule de suif)'라는 별명의 매춘부 엘리자베스 루세였다. 마차에 탄 사람들은 모두 비곗덩어리를 경멸에 찬 눈으로 바라보며 무시했다.

추운 겨울날 짙은 안개와 눈발로 예정된 시간에 중간기착지에 도착할 수 없자 사람들은 초조해졌고, 허기져 있었다. 이때 비곗덩어리가 준비해 온 음식 바구니를 열어 그들에게 자신의 음식을 아낌없이 나눠 준다. 그 누구도 말을 걸지 않던 천한 여인에게 그들은 음식을 얻어먹는 순간만큼은 친절한 척했다.

"어느 사내하고나 그 짓을 하는 것이 매춘부의 일인데,
이 남자는 좋고 저 남자는 싫다는 등 타박 놓을 권리가 어디 있어요?"
-《비곗덩어리》 중에서, 르와조의 아내

마침내 마차는 중간기착지에 도착하고, 이들은 안도의 숨을 내쉰다. 하지만 이튿날이 되고, 또 다음날이 되어도 마차는 출발하지 않는다. 그 지역을 담당하는 프러시아 장교가 이들의 출발을 허락하지 않는 것이었다. 장교의 요구는 비곗덩어리와의 잠자리였다. 그러자 마차 안의 사람들은 적군 장교의 요구에 분노하고, 비곗덩어리의 단호한 거부를 지지했다.

하지만 시간이 흐르고 자신들이 붙잡혀 있는 곳에서 곧 교전이 있으리란 소문에 불안감이 커지면서 상황은 돌변한다. 그들은 갖가지 방법으로 비곗덩어리를 설득했다. 결국, 비곗덩어리는 그들을 구하기 위해 장교의 요구를 받아들인다. 다음 날 아침, 마차는 자유의 땅으로 출발했다. 그러나 수치심으로 황급히 마차에 올라탄 비곗덩어리를 맞이한 것은, 이들을 교전 지역에서 벗어나게 해준 동포 여인에 대한 감사도, 프러시아 장교에 대한 공분도 아니었다. 그것은 '불결한 존재'와의 접촉을 피하려는 안간힘이었고, '적장의 노리개'에 대한 철저한 외면이었다.

"공화주의자 코르뉘데는
'라 마르세예즈(La Marseillaise)'를 휘파람으로 불기 시작했다.
비곗덩어리는 울고 있었다.
억누르지 못하고 터져 나오는 흐느낌이 노래 중간중간 들려오곤 했다."
-《비곗덩어리》 중에서

차가운 침묵에서 벗어나 음식을 꺼내 먹으면서도 누구 하나 이 여인에게 음식을 권하는 사람은 없었다. 결국, 비곗덩어리는 수녀들에게는 음욕의 화신이고, 귀부인들에겐 여성의 수치였으며, 프랑스 국가를 읊조리는 공화주의자에게는 적군의 위안부였다. 자신을 경멸하는 상황에서 비곗덩어리는 허기와 수치 그리고 분노로 눈물을 흘릴 따름이다.

마차의 사람들이 '비곗덩어리'가 적군 장교의 요구에 응하도록 설득하는 장면이다.

백작 부인은 수녀에게 물었다.

"그렇다면 수녀님은 동기만 순수하다면 하나님이 온갖 수단과 그 행위를 용납해주신다고 생각하시나요?

"누가 그것을 의심할 수 있을까요. 부인! 그 자체는 비난받을 행위일지라도, 그 행위의 명분이 된 사상에 의해서 그것은 찬양받을 만한 일이 되는 법입니다."

그녀들은 이처럼 신의 뜻을 간파하고, 신의 판결을 예측하며, 사실상으로는 신과는 아무런 관련도 없는 일을 신과 결부시키면서 열변을 토했다. 이 모든 것은 교묘하고 신중했으며 은밀했다. 수녀모를 쓰고 있는 한 여성의 한마디가 창녀의 분연한 저항에 조금씩 구멍을 뚫고 있었다.

–《비곗덩어리》 중에서

고전 문학 속
한마디 말의 힘

말꺼리

초판1쇄 인쇄 | 2021년 6월 15일
초판1쇄 발행 | 2021년 6월 25일

편　　저 | 이선종
펴 낸 이 | 박효완
기획경영 | 김주영
책임주간 | 권희중
편집주간 | 김성진
마 케 팅 | 신용천
물류지원 | 오경수

발 행 처 | 아이템하우스
출판등록번호 | 제2001-000315호
출판등록 | 2001년 8월 7일

주　　소 | 서울 마포구 동교로 75
전　　화 | 02-332-4337
팩　　스 | 02-3141-4347
이 메 일 | itembooks@nate.com

ISBN 978-89-6471-106-4